परदेश नय जा काका

(अंगिका काव्य संग्रह)

बिनोद कुमार 'नैतिक'

PRACHI
DIGITAL PUBLICATION

Title : Pardesh Nai Jao Kaka
Author : Binod Kumar 'Naitik'
Edition : First (August, 2025)
ISBN : 9789348332387

Published by

PRACHI
DIGITAL PUBLICATION

Regd. Add.: 254, Khuriyakhatta No. 10, Bindukhatta,
Lalkuan, Nainital - 262402, Uttarakhand, India
Website : www.prachidigital.com
E-mail : info@prachidigital.in
Phone : +91 976041 7980, +91 976041 8103

Printed by :
Manipal Technologies Limited, Bengaluru - 560001, Karnataka

अनुक्रमणिका

बहुत बहुत बधाई आरू शुभकामना

श्री बिनोद कुमार "नैतिक" जी रऽ लिखलो किताब "परदेश नय जा काका" मं टोटल 53 कविता छै।जेकराम् सब एक सं बढिक् एक कविता छै। नैतिक जी न जहाँ एक तरफ "सुखद सपना" शिर्षक कवितार् जरिये एक आदर्शवादी समाजर् परिकल्पना करि रैल्हो छै तं दोसरो तरफ "पानी" आरु "जंगल झार" कवितार् जरिये पर्यावरण संरक्षण रऽ वकालत भी।

हिनकऽ ज्यादातर रचना लोक प्रचलन सं संबंधित, विचारोत्तेजक आरू ज्ञानवर्धक छै। कुछ कुछ रचनाम् तॅ अधिकांश लोग वास्तविक जीवन मं जोन परस्थिति रऽ सामना करै छै ओकरो ससमय निराकरण रऽ रस्ता भी हिनी व्यंग, तंज आरू आडम्बर रॅ उपहास रॅ माध्यम सं बखूबी बतैल्को छै।

ई देखऽ -

"पूजा पाठो सं कुच्छून् भेटथौं मेहनत देथौं काम
गोड़ हाथ चलैभऽ नय तऽ की करथौं राम।"
(दोहा)
"दूटा पैसा की भेल्हों बौराय गेल्ह तोंय
लोक लिहाज बेचिक खाय गेल्ह तोंय"
(अधकचरा)
"कपड़ा पिन्हैर लूर नय अंग्रेजी बतियावै छ"
(फटकार)
"बाप माय जिन्दा छेलय तं ताकैल् नय ऐलै
अखनी कागा कऽ दूधभात खिलाय्क की होतै।"

ऐकरो अलावे-

"बच्चा कॅ जरूर पढ़ावो तों", "मिलीजुलीक् रहऽ", "शिक्षित जौं होय जैभऽ तऽ", "सफलता" "ई जिनगी नय फिरुस मिलथौं" सिनी कविता तं ऐसनो छै कि ऐकरा इसकूली रॅ पाठ्य-सामग्री मं

भी जोड़ैल सकय छै।

कुल मिलाय कऽ कहिल सकै छ कि “नैतिक जी” रँ कविता संग्रह “परदेश नय जा काका” एक बेहतरीन कविता संग्रह छै। एंकरों वास्तऽ कवि कऽ बहुत बहुत बधाई आरू शुभ कामना।

डॉ बिपिन
जेनरल & लैप्रोस्कोपिक सर्जन
मार्क हॉस्पिटल, कटिहार

उदीयमान अंगिका कवि "नैतिक"

अवध बिहारी आचार्य

अध्यक्ष

अ•भा•अंगिका साहित्य कला मंच विकास परिषद, कटिहार

अंगिका केरो माटी रऽ महक सँ सराबोर "परदेश नय जा काका" बिनोद कुमार 'नैतिक' रऽ इ पहिलऽ अंगिका काव्य संग्रह छिकै। एकरों पहिनँ कवि रऽ तीन टा हिंदी काव्य संग्रह प्रकाशित होय चुकलऽ छै। कवि केरो स्वभावत: संबंध अंगिका सँ रहलो छै। अंगिका आय्ज बोलचाल केरो भाषा सँ समृद्ध भाषा रऽ रूप मं प्रतिष्ठित होय रहलो छै। यद्यपि मगही, भोजपुरी, मैथिली, बाजिका जैसनो हीं अंगिका भी जनपदीय भाषा छिकै। जनपदीय या लोक भाषा मँ जनपद केरो माटी रऽ गंध होय छै। जेकरा मँ जनपद केरो समाज, परिवार, रहन–सहन, हवा–पानी, प्रकृति, खान–पान, वेषभूषा सब परिलक्षित होय छै। इ बातऽ रऽ असर कवि केरो मानसिकता पर साफ–साफ झलकै छै। कवि नैतिक केरो रचना मँ यैं प्रकार रऽ दृश्य स्वाभाविक रूप सँ देखलो जाय्ल सकै छै। कनियां, बाल–बच्चा कऽ छोड़ी कऽ कमावै खातिर परदेश गेला सँ परिवार केरो जे स्थिति होय छै उ दर्द कऽ "परदेश नै जा काका" कविता मँ व्यक्त भेलऽ छै। यही नां "छोटका किसान छूं" मँ किसान केरो लाचारी, ग्रामीण स्वाभिमान पर "गवांर नै समझऽ" प्रकृति केरो शोषण पर "जंगल झार" "जल्दी झड़ी परवो नी" बड़ा मनमोहक रचना छै।

यहां कनिटा इ बताना जरूरी समझै छी कि अंग जनपद केरो वर्णन वैदिक साहित्य सँ लेकऽ महाभारत काल तक दर्शनीय छै। भाषा साहित्य मँ अंगिका रऽ स्थान तेसरो नंबर पर छै।

हालांकि कवि बिनोद कुमार 'नैतिक' अंगिका रऽ उदीयमान कवि छै किन्तु रचना मँ प्रौढ़ता छै। गंगा रऽ जल सं सिंचित मनमोहक मनिहारी केरो बालू–मट्टी सँ उर्वरा धरती पर बहुरंगी फूल खिलावै लेली ससत् प्रयत्नशील छै। हम्मे कवि–कर्म कं मंगल कामना करै छिये।

बुद्धचक रोड, बरमसिया, कटिहार

लेखकीय

सबसं पैन्हो अंगिका रऽ प्रबुद्ध पाठकजनऽ कऽ हम्मे हाथ जोड़िक गोड़ऽ लागै छी। कैन्हो कि ओकरे सिनि सं प्रोत्साहन पावि कऽ आय्ज हम्मे आपनो पहिलो अंगिका काव्यसंग्रह लेकऽ प्रस्तुत छिय्यै। एकरा सं पैन्हो हमरो तीन टा हिंदी काव्यसंग्रह "अंतर्ध्वनि", "मन की तरंगें" आरू "ख्यालों की बगिया" छपी चुकलो छै। जेकरा मॅं हमरा पाठक सिनि सं बहुते स्नेह आरू आशिर्वाद मिललो छै।

अंगिका हमरो सिनि रऽ मातृभाषा छिकै। यही लेली अंगिका बोलना बहुते आसान लागै छै। लेकिन हमरो मानना छै कि अंगिकाभाषी होला रॅ बाबजूद भी अंगिका लिखना आरू पढ़ना बहुते कठिन छै। हमरो इ अंगिका लेखन रॅ पहिलो प्रयास छिकै। जेकरा मॅं हमरा आपनो पास-पड़ोस, टोला-समाज सं जे अनुभव प्राप्त होलऽ छै ओकरे हम्मे अपनों लेखनी सं लिपिबद्ध करै रॅ प्रयास करलो छी।

हमरो इ पहिलऽ अंगिका काव्यसंग्रह अंगिका केरो प्रबुद्ध पाठकजनऽ कॅ निराश नय करतै। हमरा उम्मीद छै कि जैसं हिंदी काव्यसंग्रह में हमरा भरपूर प्यार दुलार आरू आशिर्वाद मिललो छै वहीं रंङ अंगिका मऽ भी स्नेह बरकरार रहितै। यही आशा आरू उम्मीद रऽ साथ हम्मे आपनो पहिलका अंगिका काव्यसंग्रह "परदेश नय जा काका" ले कॅ ऐलो छी।

बिनोद कुमार 'नैतिक'

पानी

पानी पानी होय गेलय
लोग पानी रॅ प्रबंध मॅ
तैयो कोय नै सोचय छै
पानी रॅ संबंध मॅ।

ताल तलैया सुखी गेलय
सुखलय गांमॅर कुईयाँ
दूर दराज सॅ पानी लानैम
छुटय छै आबे धुईयाँ।

दिक्कत सहतै मटका ढोते
पर पानी कोय नय बचैतय
हम्में तोंय गर नय सोंचभऽ
अगला पीढ़ी कैसं जितय।

बिन पानी जीना दुभर छै
पानी रॅ कीमत पहचानॉ
कैसं जल संरक्षण होतय
लिखलॅ पढ़लॅ लोगस् जानॉ।

सब रॉ जड़ छै गाछ बृक्ष
गाछ लगैभॉ त वर्षा होथों
वर्षा जौं जमीक बरसलौं
तब तं सब दुख दूर हो जैथों ।

आपनो धरती

बड़ा बढ़ियां छै धरती आपनो
चमचम करै छ्य धुप
शाम कऽ जब तारा उगय छै
निखरी जाय छ्य रूप।

जब रंग बिरंग रॅ फूल खिले छै
चिड़िया चुनमुन गावै छै
खेतम् जब फसल लहराय छै
दुख दलिद्दर भागै छै
करिया मेघ जल बरसाय क
धरती रॅ मिटाय छै भूख
शाम कऽ जब तारा उगय छै
निखरी जाय छ्य रूप ।

पहाड़र चोटी अकाश छुवै छै
वहीं सॅ कलकल नदी बहैछै
कहीं कहीं छ्य घन्नो जंगल
जहाँ हाथी शेर भालू रहि छै
दोसरो देशस् आवैवला कऽ
यहाँ मोन लागय छै खुब
शाम कऽ जब तारा उगय छै
निखरी जाय छ्य रूप।

मधुमासो मं तॅ ई धरती
एतना बढ़ियाँ लागय छै
फल फूल सॅ सजीधजी क

नपकी कनियां लागय छै
मंद - मंद पछिया चलय छै
मजा आवय छय खूब
शाम कऽ जब तारा उगय छै
निखरी जाय छय रूप ।

जंगल झार

जंगल–झार , बाग–बगिचा धरती रॅ सिंहार होय छै
रोगवियाद भगावैर लेली ओकरैस् जड़ीबूटी मिलैछै

आदमी रॅ वहशीपन देखऽ जंगल उजाड़िक् झुमैं छै
जंगली जानवर जंगल छोड़िक् जन्हैं–तन्हैं घुमय छै

कभी कटै छै रेलोमॅ तॅ कभी भीड़ोरॅ शिकार बनै छै
नेता सिनी अखबार पढिक् झुठमुट चित्कार करै छै

पहिलो जैसनो कहाँ छै आबे जंगल मॅ घन्नो गाछ
आपनो स्वार्थपूर्ति रॅ कारण आदमी करै छै विनाश

चालचलन जौं अहिने रैतै बादम् बड़ा पछतैतै लोग
पर्यावरण जौं बिगड़ी जयतै बेमौत मरि जयतै लोग

ठंडा मॅ ठंडा खूब होतय गरमीम् पड़तै गरमी खूब
जत्त सुख भोगै छै अखनी बादम् होतय ओतने दुख

अंगांगन

अंगांगन मं खुशीर शगुन लेकऽ अईलो छै मधुमास
ई देखी कऽ सब्भे जीवऽ मॅ छाय गेलय उल्लास

श्रीपचमी सं तीज-त्योहार रॉ होय जाय छै शुरुआत
अंग क्षेत्र केरॉ मट्टी मॅ भी महक छ्य कुछ खास

यहांकरो लोगर रहन-सहन आरु खान-पान बेजोड़ छै
लिट्टी-चोखा, भक्का-बगिया, गुड़झिलियार कहां तोड़ छै

फगुआम् अहियो अंगांगन मॅ मालपुआ सं स्वागत होथौं
जौं मिट्ठा सं मन ओकतयथौं भर बाटी दही बड़ा मिलथौं

कुछ दिन बाद जब सिरवा होय छै सत्तु आम पुजाय छै
मड़ुआर रोटी, दाल पीट्ठा भी यहां बड़ा चाव सं खाय छै

अंग अंगिका आरु अंग रॉ लोग छ्य बड़ा मनभावन
एक बार तऽ आबिक देखऽ हमरॉ तोंय अंगांगन

जल्दी झड़ी परावो नी

हे भगवान है की करय छो
कनयोटा दया देखावो नी
गरमी सं सब मरी रहिलो छै जल्दी झड़ी परावो नी

जंगलझार सब झरकी गेलय
जीव जन्तु सब तरसी गेलय
तालतलैया भी आवे सुखलै
कोय उपाय लगावो नी
गरमी सं सब मरी रहिलो छै जल्दी झड़ी परावो नी

जौं एक्को बार बरसतै मेघ
हरा भरा होय जयतै खेत
बाग बगिच्चा हरिहर होतय
कोनो भांज लगावो नी
गरमी सं सब मरी रहिलो छै जल्दी झड़ी परावो नी

चिड़िया चुनमुन कीट पतंगा
सब कॅ छौं तोरे सं आस
सबरो गल्लो सुखी गेलो छै
धरती रो प्यास बुझावो नी
गरमी सं सब मरी रहिलो छै जल्दी झड़ी परावो नी

सावन र मास

टिप टिप टिप टिप बरखा लेकऽ
अईलो छै सावन रॅ मास ,
उम्मस भरलऽ गरमी भागलै
खुब्बे हलफल होलय घांस।

अकाशो मऽ सतरंगी देखीक
बुतरु उछलै कुदय छै
नपकी कनियां दुल्हा सॅग
बागम झुलवा झुलय छै।

बच्चा चिल्का कागद रॅ
लॉव बनाय कॅ खेलय छै
जेकरऽ घर म छप्पर नय छै
खुब्बे तकलीफ़ झेलय छै ।

गड्ढा–गुड्ढी भरी गलऽ छै
सगरे पानी पानी छ्य
माल मवेशीक् चरय बुलय मॅ
बहुते बड़का परेशानी छ्य।

साँप छुछुन्नर जहां – तहां सॅ
जखनी – तखनी निकलै छै
बच्चा चिल्काक् अलसा मॅ
खेलैल देना ठीक नय छै।

(पश्चिम बंगाल के सिल्लिगुड़ी में 2022 में माँ दुर्गा की प्रतिमा विसर्जन में आया अचानक पानी का सैलाब (बुहऽ) में डुबकर मर गए दर्जनों लोगों की दुखभरी दास्तान)

बुहऽ

कुदरत रॅ निष्ठुरता देखऽ
की अनर्थ पलभर मॅ करि गेलय
बस बसैलऽ घर परिवारक्
एक झटखै मॅ विरान करि गेलय।

फुल्ला बच्चा र मांय मरि गेलय
नपकी कनियांर सांय मरि गेलय
देखतैं देखतैं मत पूछऽ भैया
ढेरी लोग धांय धांय मरि गेलय।

कैसं कटतै दिन समय आबे
जेकरऽ कमबैया मरि गेलय
केकरो हाथम राखी बाँधतै
जे बहिनी रॅ भईया मरि गेलय।

सब काम धाम छोड़ि कॅ लोग
नौ दिन तक नौरात करल कय
आपनो हिसाबस सबकोय पुरा
नियम धरम सॅ पाठ करल कय।

अंतिम अंतिम समय मॅ बोलऽ
कहाँ पॅ के गलती करि गेलय
से कोय नय देखकै बुहॅ उतरतॅ
एतना लोग कैसॅ मरि गेलय।

आपन्है अयतै घॅर

गाछीम् जहिया फरतै फिरूसं नया फॅर
चिड़िया चुनमुन घुरि कॅ अयतै आपनो घॅर

आपन्है सुस्तयतै बटोहिया सिनि आबिकॅ
जरा हरिहर तॅ होय्ल दहऽ गाछिर् धॅड़

खराब दिन सं घबड़ैहो नय कहिया तक रहतै
बढ़ियां दिन भी अयतै बस आशा मत छोड़

प्यार करैवला रॅ बेकरारी तोंय की बुझभो
वें नै देखय छै पुस रॅ रात नै जेठ रॅ दुपहर

रूसिकॅ केत्तऽ दिन रहतै परदेसम् 'नैतिक'
जौं याद सतयतै हमरो तॅ आपन्है ऐतै घॅर।

दोस्ती

कुछ अहिनॅ रिस्ता भी होय छै
जे बेकल मन सहलाय छै,
जे आपनॅ हिस्सारऽ सब्भे सुख
दोसरा पर लुटाय छै।

वक्त बेवक्त कुछ नै बुझै छै
नै नफा नुकसान विचारैय छै,
खुद लाख तकलीफ मॅ रहिछै
दोसराक् मदद पहुँचाय छै।

सब्भेर भाग्य छै ऐसनॅ कहाँ
जे ऐसनॅ लोग सॅ मिलाय छै।
जे निस्वार्थ हर मौका पॅ
आपनॅ सब फर्ज निभाय छै।

इन्सानियत रॅ ई रिस्ता लोग
खुद्दे खुशिस् निभाय छै ।
सगरेर लोग कॅ मालूम छै
ई रिस्ता दोस्ती कहलाय छै।

भूख

घर छोड़िक परदेश जे जाय छै
किस्मत ओकरऽ खोटी छै
लाचारी छै जाना ओकरऽ
यहाँ विकट समस्या रोटी छै।

भूँख बड़ा बेदर्दी होय छै
सबकॅ यंहीं नचाबै छै,
चोर बनावै छै केकरो तॅ
केकरो सॅ भीख मंगवाबै छै।

ई कैसनऽ विधि र विधान छै
कोय दाना दानाल बिलखै छै,
आरू केकरो बिन मेहनत रॅ
रोज पैमाना छलकय छै।

समय बड़ा बलवान छै भैया
यं हीं सभ्भेक परखय छै
जेकरा पर होय छै मेहरबान
तॅ खाली टाका पैसा बरसै छै।

बौरा

अरे पगला तोराऽ की मिल्लौ
दोसरा रॅ उलझन सुलझाय कॅ
खुद चलय छैं कांटा कुसांम
दोसरार रस्तांम फूल बिछाय कॅ

कोय नै सोचै छै केकरो लियऽ
सब आपनो काम निकालय छै
जेकरो जे उपकार करय छै
वहीं मौका पड़ला पॅ घालय छै

कोय नै कानतौ तोरऽ वास्तऽ
कोय नय देखतौ रस्ता तोरऽ
दर्दऽस बिलबिल करभैं तैयो
कोय नय करतौ सेवा तोरऽ

ई दुनियां बड़ा मतलबी छै
हरदम रहि छ्य ताकऽ मॅ
जौं कनियोंटा चोक पयतौ तॅ
धुरा झोकतौ आँखऽ मॅ

बड़ा बौरा छैं तोंय नय बुझभैं
घुरची फन्हां मक्कारी रऽ
जे बोलय छ्य मिट्ठऽ मिट्ठऽ
वहीं छुरी राखैछ सुताड़ी कऽ

सफलता

आदमी अगर चाही लॅ तॅ
कुछ भी करैल पारै छै
वहीं हारे छै जीतलो बाजी
जे हारैस पहिले मन हारै छै।

जे कांटास् घबराय गेलय
वें फूलॅर सेंट की ले पारतै
जे खुद हीं मुरझैलो रहितै
ओकरॅ मदद भला के करतै।

जीतैर लिय सबसॅ पहिलऽ
मन मजबूत बनाबैल छौं
जे मॅन तोरऽ भटकावै छौं
ऊ फालतू इच्छा दवाबैल छौं।

लफासुटिंग क छोड़ैल होथौं
मॅन अस्थिर करैल पड़थौं
बहारी दुनियांस लड़ैर पैल्हॅ
आपनेआप सॅ लड़ैल पड़थौं।

दुनियांम् नाम कमाबै वास्तऽ
भोग–विलास भुलाबैल होथौं
जौं एतना बात ध्यान मॅ रैथौं
सफलता तोरऽ कदमॅम् होथौं।

लालची

जेकरो मनम् लालच होय छै
ओकरा कुच्छून् बुझाय छै,
जहाँ कनियोंटा चोक पैलखौं
मारी मोचारीक् खाय छै।

आपनो फैदा छोड़िक् हुनी
आरू कुच्छू नय सोचय छै
आपनो पराया नय देखय छै
सबकॅ दुख पहुँचाय छै।

ऐसनो आदमी भला बुरा भी
तनिको नय विचारय छै
आपने आप मॅ मस्त रहिकॅ
बनलो रिश्ता बिगाड़ैय छै।

कैसॅ कहाँ झिटैल मिलतै
हरदम मौका ताड़य छै
आपनो दोष छिपावै वास्तॅ
पहिलेस् पल्ला झाड़य छै।

फटकार

लड़ैर तऽ रग नय खाली फनसीक् आवय छैं
जानऽ नी बुझऽ कुच्छू दोसरेक् बतावय छैं।

जौं समझैंम् नय आबौ तॅ पूछि ले केकरो सॅ
कपड़ा पिन्हैंर लूर नय अंग्रेजी बतियाबै छैं।

हाथ गोड़ चलैभैं नै तॅ बैठला सॅ काम चलतौ
बापेर् कमैला कोड़ल मॅ फूटानी देखावय छैं।

पढ़य लिखयर समय मॅ नुकैलो फुरय छेलहैं
अखनि कहिनो मायबापक् दोष लगाबय छैं।

आपनो गोड़म् कुल्हाड़ी खुद्दे तोंय मारलो छैं
झूठ मूठ अखनी तोंय किस्मत कॅ कोसय छैं।

सुखद सपना

आबय वला दिन ऐसनो होबय
भूख-प्यास सॅ कोय नय रोबय
जाति धरम रॅ नाम मिटी जाय
सब ऐसं रहि जैसं रही छै भाय।

बोलिचालिम् सब रॅ रहै मिठास
संबंध मॅ पड़े नय कभी खटास
पढ़ाय लिखाय नय छुटै केकरो
सब रॅ होबय बराबर विकास।

कोय केकरो नय लुटय कभियो
कोय केकरोस् नै रुठय कभियो
अन्न धन सॅ सब रहै परिपूर्ण
भुखलॅ बच्चा नै सुतय कभियो।

निश्छल होय जाय पुरा समाज
छोटऽ बड़ोर् सब करय लिहाज
लोभ सभ्भे रॅ मनसॅ मिटी जाय
हरघर मॅ होय जाय यही रिवाज।

हमरो सपना अगर सच होबय
ईश्वर तोरऽ चरण रोज धोबय
आबय वला दिन ऐसनो होबय
भूख-प्यास सॅ कोय नय रोबय।

हिकमत

जेकरो छातीम् दया धरम नै
ओकरा आदमी कैसं कहतै
चैन सॅ जे जिऐल नै दय छै
ओकरा जिनगी कैसं कहतै।

बुझी गेलय उ दीया जेकरा
सही सांझे जलैलो छेलियैय
घरोम छ्यलो छ्य अंधेरिया
इन्जोर बतावो केकरा कहतै।

खाढ़ो होलासॅ गोड़ थरथराय छै
मंजिल बतावो कनांक मिलतै
गैरोक् छोड़ऽ आपने धकियाय छै
हमरास् बेबस आरु केकरा कहतै।

धन दौलत नय छैत् की होतै जी
हिकमत कॅ कोय छिनी लेतै की
जेकरा लंग ई खजाना छ्य तॅ
ओकरा गरीब भला कैसं कहतै।

अधकचरा

हड़बड़ मॅं हीं गड़बड़ होयछै बात कैन्ह् नय बुझय छ
पुरा बात तॅं सुनते नय छ पहिले सॅं उछलय कुदय छ।

सुनै छऽ कम आरू बोलै छ जादा
बात करैछऽ ऐसं जैसं बुढ़वा दादा।

काम तॅं कोनो होते नय छौं सुथियानी बतियाबै छ
पुरा बात तॅं सुनते नय छ पहिले सॅं उछलय कुदय छ।

ज्ञान बहुत छौं पर सब अधकचरा
डींग हाँकय छऽ खाली लम्बा चौड़ा।

दोसरार बातर् कोय भेलू नै बस आपने गीत गावै छ
पुरा बात तॅं सुनते नय छ पहिले सॅं उछलय कुदय छ।

दुटा पैसा की भेल्हों बौराय गेल्ह तोंय
लोक लिहाज बेचिक खाय गेल्ह तोंय।

धेलाभर केकरो मदद नै दै छ खुद कॅ बड़का बुझै छ
पुरा बात तॅं सुनते नय छ पहिले सॅं उछलय कुदय छ।

मेहनतिया

मन माफिक कुछ पाना छौं तॅ
मेहनत तोरा करैल हीं पड़थौं
जौं तोंय आना – कानी करभो
खामियाजा भुक्तैल हीं पड़थौं

मेहनत कहियो फैल नय होयछै
ई बात बढ़ियांस् परखलो छै
ढोपऽ ढोपऽ खुन पसीनाम्
मंजिल रॅ ठिकाना लिखलो छै

हरहालम् हमरा हीं जीतैल छै
ई बात जे मन मॅ ठानी लय छै
ओकरे गोड़म् पंख लागय छै
मेहनत रॅ भेद जे जानी लय छै

अन्हर झड़ी आरू काँटो कुसऽ
कोय रस्ता नय रोकैल सकय छै
खुद मंज़िल, मंज़िल पऽ बैठिक्
मेहनतिया रॅ रस्ता देखय छै।

कविता

कुछ लोग बोलै छै ऐसनो सनि बात
सुनिक् केकरो भी लागी जैथौं खांत
तहूँ सिनि सुनो जरा ध्यानसं कनिटा
कहिछै बातर् बतंगड़ होयछै कविता

ऐतना बेज्जती कवितार् कोय करतै
बोलऽ कैसं केकरो जी नय जरतै
गोस्सा थूकीक् हुन्का बगलम् बैठैल्हां
एकएक बात फिरू प्रेमसॅ समझैल्हां

कविता नॅ खाली मोन नय लगाय छै
कविता मोन कॅ उन्नत भी बनाय छै
कविता एक ऐसनो जड़ी–बूटी छै
आदमियताक् भी जिन्दा राखय छै।

कविता मॅ ऐसनो जादू छ्य कि
प्रकृतिस् नजर फेरैल नय दय छै
सुन्दरतान् ऐसं मोहित करै छै कि
बरबस मोन सॅ गीत बहि छै।

आदमीर् मनम् जे भाव आवय छै
कविता ओकरो रक्षा करय छै
कवितान् केकरो दुख नय दय छै
जे भी करय छै अच्छा करय छै।

निर्दय आरू एकसिरतो लोगर्
मोनम् कहियो नै कविता उपजै छै
जेकरा लंग दरियादिल होय छै
ओकरे हृदय मॅ कविता उपजै छै।

कविता सुनऽ आरू कविता पढ़ऽ
खाली छो तॅ तहूँ कविता गढ़ऽ
जिनगी भी तं एक कविते छेकय
कवितार् संग संग आगे बढ़ऽ।

लड़की

दिन रात सब रो सेवा करै छी
ऐंगन बोढ़य छी घर ढोरय छी
कपड़ा लत्ता सब्भेर धोय छी
चौका वर्तन हम्हीं करय छी
पता नय तैयो कैसं हमरास्
कहाँप् की गलती होय जाय छै
एतना सबकुछ करला पर भी
कोय न कोय तॅ रुसिये जाय छै।

माय कहि छै लड़की छैं तोंय
बापर् पगड़ी नीचो नय करिहैं
गृहस्थीर् काम चलै छै जेतनाम्
ढेर भेलौ बस ओतने पढ़ियैं
लड़का लड़कीम् फरक नै कर्ऽ
टीवी रेडियोम् रोज कहि छै
तैयो कोनोन् कोनो बात पर
रोजे घरम् फरक होय जाय छै।

बहुते सम्भलिक चलै छै लड़की
सबरो आदर करय छै लड़की
जे कोय जैसं कहि छै सबकुछ
वयसैं वयसैं करय छै लड़की
तैयो कोनोन् कोनो विधि सं
एकरो करम तं फुटिये जाय छै
एतना बचिक चलय छै फिर भी
तैयो इज्जत लुटिये जाय छै।

केकरा केकरास् बचतै लड़की
यहां सबरो मूहंम मुखौटा छै
बोलऽ केकरा पर विश्वास जतैतै
सब बिन पेन्दी वाला लोटा छै
आपनो गलती कोय नै देखय छै
सब दोसराक दोष लगावै छै
जेकरा जहां पॅ चोक मिलय छै
गिद्धा जैसनो झपटी जाय छै

उम्मीद नय राखऽ

आफत विपत जौं कभी आवय
ओकरास बिल्कुल नै घबरावऽ,
आपनो बुद्धी विवेक लगाय कऽ
थोड़ऽ बहुत हिम्मत जुटाबऽ।

संकट सॅ जे डटीक लड़य छै
ओकरे कल चमकीला होय छै
जे मनुष्य आलस करैय छै
ओकरऽ राह कटीला होय छै।

आपनऽ मदद जौं खुद नै करभऽ
दोसरास् तों उम्मीद नै राखऽ
जौं हाथ गोड़ छौं सही सलामत
मदद लॅ केकरो मूँख नै ताकऽ।

प्रेरणा के पंख

(लघु कथा कहानी संग्रह)

विभा वर्मा 'वाची'

PRACHI
DIGITAL PUBLICATION

Title : Prerna Ke Pankh

Author : Vibha Verma 'Vachi'

Edition : First (February, 2025)

ISBN : 9789348332103

Published by

PRACHI
DIGITAL PUBLICATION

Regd. Add.: 254, Khuriyakhatta No. 10, Bindukhatta,
Lalkuan, Nainital - 262402, Uttarakhand, India
Website : www.prachidigital.com
E-mail : info@prachidigital.in
Phone : +91 976041 7980, +91 976041 8103

Printed by :
Manipal Technologies Limited, Bengaluru - 560001, Karnataka

अनुक्रमणिका

भूमिका

मानव–जीवन की प्रेरणा से सम्बंधित विभिन्न विषयों की लगभग 80 लघु कथा एवं कहानियों को समाहित करके प्रकाशित हुआ आदरणीय विभा वर्मा जी का यह नवीनतम कथा–संग्रह 'प्रेरणा के पंख' हिन्दी साहित्य में आशा का नया उजाला लेकर आया है। विभा वर्मा जी के अब तक अनेक काव्य–संग्रह प्रकाशित हो चुके हैं। वे हिन्दी साहित्य की गद्य और पद्य विधा में अपनी गहरी पकड़ रखती हैं। दैनिक जीवन की घटनाओं से वह कहानी की प्रेरणा उठाती हैं और उन प्रेरणाओं को आसन या सरल शब्दों में लघु–कथा एवं कहानी के रूप में पाठकों के सम्मुख प्रस्तुत करती हैं। विवाह की अपनी इस कहानी–प्रेषण की कला में पारंगत हैं। यही कारण है कि उनकी लघु कथाएँ और कहानियाँ पाठकों के हृदय को निरंतर आंदोलित करती रहती हैं।

'प्रेरणा के पंख' नामक इस कथा–संकलन की कहानियाँ मानव के हृदय का परिवर्तन करने वाली हैं। छोटी–छोटी लघु कथाएँ कम शब्दों में जीवन की बड़ी गहरी ; मार्मिक बात कह देती हैं और पाठक उन महत्त्वपूर्ण बातों पर गहराई से विचार करने के लिए बाध्य हो जाता है। हिन्दी साहित्य की कहानी एक ऐसी विधा है, जिसके जरिए लेखक रोचक और सरल शब्दों में तथा बड़े ही प्रेरणादायक और मनोरंजक–भाव से अपनी बात को पाठकों तक पहुँचा देता है।

मैं उम्मीद करता हूं कि हिन्दी के कथा–प्रेमियों को विभा वर्मा जी की इस पुस्तक की कहानियाँ बड़ी रोचक, मनोरंजक, प्रेरणादायक और हृदय- स्पर्शी महसूस होंगी। इसी उम्मीद के साथ–

डॉ0 पवित्र कुमार शर्मा
वरिष्ठ साहित्यकार
शील साहित्य सदन,
धौलपुर (राजस्थान)

लेखकीय

माँ शारदे का नमन करते, छंदाधिपति गजानन महराज को सादर प्रणाम करते हुए अपनी मन की बात प्रस्तुत कर रही हूँ।

हमारे मन में न जाने कितने विचार विचलित करता है। उतार चढ़ाव आते हैं, आकांक्षाएँ अनेक हैं बस पाने की लालसा लिए आगे बढ़ रही हूँ। कोशिश करने वालों की हार नहीं होती और एक दिन मंज़िल मिल जाएगी। यही आशा के साथ, मेहनत करती हूँ। आज मेरी तीन पुस्तकें एक साथ प्रकाशित हो रही है।

(1) प्रेरणा के पंख

(2) दोहों की गूँज

(3) काव्यांजलि

पहली पुस्तक "**प्रेरणा के पंख**" में कुछ छोटी-छोटी लघु कथाओं के माध्यम से मानव जीवन में प्रेरणा श्रोत भरने की कोशिश की है।

दूसरी पुस्तक "**दोहों की गूँज**" में समसामयिक विषयों पर दोहे छंद के माध्यम से संकलन किया है।

तीसरी पुस्तक "**काव्यांजलि**" में काव्य संग्रह कर नई दिशा की ओर अपनी लेखनी को प्रस्तुत किया है जो सदाचार और आत्मिक सामाजिक मूल्यों को दर्शाता है।

पहली पुस्तक "काव्यारूण" काव्य संग्रह, दूसरी पुस्तक "बचपन की उड़ान" सरल भाषा में बच्चों के लिए कविता संग्रह प्रकाशित हो चुकी है। भावपूर्ण रचनाएँ बच्चों के मन को खूब लुभाती है। माँ सरस्वती की कृपा बनी रहे, लेखनी अविरल चलती रहे। आप सभी के आशीर्वाद की आकांक्षी हूँ। पुस्तक को सरल भाषा में लिखा गया है। अवश्य पढ़ें, आशीर्वाद दें।

मैं सर्वप्रथम नमन करती हूँ अपने माता –पिता, सास ससुर और अपनी बहनों का। जिनके आशीर्वाद से आज इस मुकाम तक पहुँच पाई हूँ। सबसे पहले अपने पति श्री अरुण कुमार वर्मा जी का हृदय तल से आभार प्रकट करती हूँ। बिना उनके आशीर्वाद के एक पग भी बढ़ाना मुश्किल–सा है। हर पल साथ देना, हौसला बढ़ाना उनकी फितरत है।

अपने तीन पुत्र अभिषेक, अनिमेष और अभिनव का शुक्रगुजार हूँ, जिनके उत्साहवर्धन से मैं लिखने की कोशिश करती हूँ।

धन्यवाद।

विभा वर्मा "वाची"

नीलकंठ

हाँ ये सच है भोले नाथ ने समुंद्र मंथन के समय विष पिया था, तभी नीलकंठ नाम पड़ा। लेकिन नीलकंठ जी तो नीलकंठ हैं। उनकी शक्ति का तोड़ नहीं। उनकी नक़ल करने वाले खटाई में जाते। तभी, रमेश की इकलौती पुत्री, जिसे बड़े लाड़ से पाला। अपनी औक़ात से ज्यादा अच्छी शिक्षा देने की कोशिश में लगे रहे। कभी बेटी को किसी चीज़ की कमी महसूस नहीं होने दिया।

रीमा को ग़रीबी का, पता ही नहीं था। राहे ग़लत हो गई। यारी बदल गई। नशा करना देर रात तक बाहर रहना, नशे में धुत्त हो घर लौटना। रीमा नशे में धुत्त हमेशा रात एक बजे घर लौटती। माता पिता के लाख समझाने पर असर नहीं होता। बड़े मुश्किल से बेटी को कालेज में दाख़िला कराया था, पिता ने कमी कभी महसूस होने न दिया।

एक दिन रात के दस बज रहे थे, रीमा घर आ रही थी कि रास्ते में स्कूटी पर अकेले एक लड़की को देख कुछ लड़के फ़फ़तियाँ कसी और लड़कों ने घेरना शुरू किया। रीमा घबराई, इधर से इधर भागती गिड़गिड़ाती रही। किसी ने दबोचने की कोशिश की, किसी ने खींचातानी की। हार गई रीमा। मुँह लटकाए घर वापस आई। बेटी की दुर्दशा देख पिता जी को हालात समझने में देर न लगी। मौन रह कर बेटी की ओर देखा, नज़रें झुका ली।

सर झुक गया पिता का। पिता की नज़र रीमा को शूल बन चुभ रहा था। उसने ज़हर पी ली। पिता ने फिर भी बेटी को बचा लिया। जब रीमा को होश आया, पिता जी की ओर नजरें मिलाना चाहा, नज़र झुकाए पिता जी मौन थे।

आओ साथ चलें

बहुत दिनों से रमा बुझी-बुझी सी रह रही थी। ग़लतफ़हमी की शिकार बनी बैठी थी। पति के नाजायज़ संबंध की ख़बर से बहुत आहत हुई।

जिसके पास विश्वास की डोली चढ़ आई, आज वही बेवफ़ा बन गया। क्या कमी थी जो घर छोड़ बाहर जाने की नौबत आई। इसी ऊहापोह में उलझी, पति का घर छोड़ देने का निर्णय लिया, और मायके चली आई।

मायके आई ज़रूर, पर अब हर चीजें, जो पहले बहुत भाती थी, आज देख चुभन सी लगती थी। चाह कर भी उससे उबर नहीं पा रही थी, मन ही मन उलझनों से घिरी, बेचैनी से दिन गुज़ार रही थी। बस यूँ कहें, रात-दिन होती चली जा रही थी।

माँ ने रमा की खामोशी को भाँप लिया, अवश्य रमा बिटिया कुछ परेशान सी लगती। पता नहीं बातें क्या है? मन ही मन माँ ने सोचा क्यूँ न बिटिया से पूछ लूँ। उसका भी मन हल्का हो जाएगा, बातें भी समझ आ जायेगी। लेकिन रमा ने माँ से बताने में सीधे टाल गई। कह दिया मैं मस्ती में दिन गुज़ार रही हूँ। लेकिन बात कुछ और थी।

गलफ़हमी की शिकार रात करवट बदलते गुजारती। रात-दिन बीतता गया, दिन ढलते रहे। एक दिन, रीमा सुबह-सुबह सो कर उठी, आश्चर्यजनक दृश्य था। ये नजारा आँखों के सामने देख, घबरा गई। सामने खड़े पति रमेश को देखा। उसे अपनी आँखों पर विश्वास नहीं हो पा रहा था। ये सपना है या वास्तविकता रीमा ठगी सी खड़ी निहारती रही। दिमाग़ सुन्न हो रहा था। तभी धीरे से राकेश, रीमा के पास आ कर हौले से बोले रीमा आओ साथ चलें। घर चलो, अकेलापन काटने को दौड़ता है। गिले शिकवे भूल कर घर चलो, वहाँ बैठ कर हम दोनों बातें करेंगे।

रीमा सोच नहीं पाई कि क्या रमेश सच सिर्फ़ और सिर्फ़ उसका है। रमेश का हाथ पकड़ लिया ..आओ साथ चलें। बातें बाद में करें।

सच्चाई

झारखंड प्रदेश के गाँव माँडर। ग़रीबी की मार पूरे क़स्बे पर है। खेत अपनी नहीं, पटेदारों के यहाँ काम कर, दो पैसे मज़दूरी के मिलते। घर परिवार उसी में चलाना। कठिनाइयाँ अनेकों पर करना क्या था। उसी में हीरा माँझी का परिवार भी था। पाँच कन्या और तीन बेटे का घर। घर में बूढ़े माँ–बाप, सभी का लालन पालन करना, हीरा माँझी की ज़िम्मेदारी थी।

इस वर्ष खेत सूखा रह गया। बारिश भी नहीं हुई। अब कर्ज पर चलने वाला हीरा की कमाई ठप्प पड़ गई। घर चलाना मुश्किल था। उस गाँव में कन्याओं की ख़रीद फरोस होती थी। हीरा माँझी की बड़ी, बेटी आठ साल की कन्या थी। पढ़ना चाहती, पर हीरा माँझी के लिए मुश्किल था। सोचा क्यूँ न इसकी शादी कर दी जाए। (झारखंड में आदिवासियों में शादी में लड़के वाले लड़की को पैसे सामान ज़मीन देते हैं।)

यही सोच पिता ने चालीस साल के पप्पू उराँव के साथ बेटी गीता की शादी करने को सोचने लगा। अच्छी बड़ी रक़म देने वाला था पप्पू उराँव। बेटी गीता रोती रही। उसे पढ़ने का शौक़ बहुत था। पप्पू उराँव दिल का बुरा आदमी नहीं था। उसने गीता से शादी कर, साथ लेकर चला। पप्पू ने गीता से, उसके स्कूल यूनिफार्म में ही शादी कर विदाई करा लिया। रोती गीता का हाथ पकड़ उसे उसी समय स्कूल में दाख़िला दिलाने की नियत से गीता का हाथ पकड़ चल दिया। हाथ में स्कूल का बस्ता, लिए गीता रोती पप्पू उराँव के साथ चल पड़ी।

दुनिया में नेक इंसान भी होते हैं। पप्पू उराँव ख़ुद ग़रीबी की मार झेलता हुआ, आज अपने पैरों पर खड़ा होने में कामयाब हुआ। इसी कारण हीरा माँझी को मदद स्वरूप, उसकी बेटी से शादी बनाना चाहा। शादी कर उसे पत्नी का दर्जा नहीं दिया। बेटी की तरह गले लगा, पाला पढ़ाया। उसे कामयाब इंसान बनाने में अपनी मेहनत, धन झोंक दी। आज गीता झारखंड में एक अच्छे पोस्ट पर कार्यरत हुई।

लाचार-सी बिटिया

आख़िर ऐसी कौन सी गलती थी। सिर्फ़ पढ़ना चाहती। सिसकते हुए बेटी ने पिता से पूछा।

माँ छोटपन में ही गुजर गई। नाम था मीरा, जो जन्म ली मूक।

राणा, राक्षस प्रवृति वाला था। प्रतिदिन दारू पीता, शाम घर आते लड़ाई झगड़ा करता। मीरा पिता की सेवा करती। जरा सी चूक हुई, मार पिटाई चालू। बेचारी डरी सहमी रहती।

एक दिन पिता नशे में धूत, देर रात घर लौटा। मीरा ने हिम्मत जुटाई और दबी जुबान पिता से पूछा पिता जी मैं भी स्कूल जाऊँ? मेरे पास पैसे नहीं। माँ के मरते पिता, दारू में पैसे झोंक दिये। अब राशन कहाँ से लाती।

आज ख़ाना बनाना मुश्किल था। ख़ाना कुछ भी नहीं है घर में, कह मीरा मुड़ी धमाक फ़र्श पर गिर पड़ी। राणा ने ज़ोर का धक्का मारा और उसके हाथ पर चढ़, पैर से मसलने लगा। मीरा चीखती चिल्लाती। ज़बान चलाती? जल्दी ख़ाना ला नहीं तो हड्डी पसली तोड़ दूँगा। पढ़ाई की सूझी, कहते हुए हाथ पर चढ़, गालियाँ बरसाता रहा।

दर्द से कराहती मीरा गुहारती, दया की भीख माँगती रही। निर्दयी पिता के कानों में जूँ तक न रेंगा। सिसकते हुए बेटी निरीह आँखों से पिता की ओर निहारती रही।

मम्मी की चप्पल

राजू ग़रीब माँ का बेटा। माँ मज़दूरी करती, रेज़ा का काम करती। दिनभर सर पर बोझ ढोती तब जाकर शाम को दो पैसा मिलता। छोटे में ही पिता का साया सर से उठ गया। माँ बेचारी अनपढ़ होने के कारण, मेहनत मज़दूरी कर घर चलाती थी। उसी में दो पैसे बचा कर बेटा को पढ़ाना चाहती थी। नहीं चाहती थी, राजू बेटा, माँ की तरह मज़दूर बने। सदा उसे इन सब कामों से दूर रखती थी।

धीरे धीरे राजू बड़ा होने लगा, पढ़ाई में अव्वल रहा। आख़िरकार पढ़ाई ख़त्म कर नौकरी में लग गया। पहले माह की पहली पगार। राजू ख़ुशी से फुले नहीं समा रहा था। उसने घर जाना चाहा। माँ के लिए क्या ले जाएगा। उसने सोचा, माँ चप्पल कभी नहीं पहनी। ख़ाली पैर बोझा ढोती रही, पर कभी शूल भी चुभते पैर में, उफ़्फ़ न करती।

यही सोच राजू जूते की दुकान में गया, जहाँ दुकानदार से माँ के लिए चप्पल माँगा। पैरों के नाप चाहिए, कितने नंबर की चप्पल लगेगी। राजू शर्मा कर कहा, भैया माँ ने कभी चप्पल पहना ही नहीं। नाप क्या है किसी को, उन्हें भी ख़ुद को पता नहीं। मैं एक कागज में उनके पैर की आकृति बनाई है। जिसे मैं अपने साथ रखता हूँ। लक्ष्मी रूपी पैर है, धन की वृद्धि होगी। कह कर चार तह में मुड़ा कागज, निकाल दुकानदार को दिया, उसने एक चप्पल जो थोड़ी महँगी थी लेना चाहा। पैसे मेरे पास है, माँ के लिए चप्पल ही ले जाऊँगा, कह कर दुकान वाले से कह डाला . भैया वही चप्पल दो जो मेरी माँ बहुत पसंद करेंगीं। दुकानदार ने कहा ..देखो पैसे पास है न। एक जोड़ी हज़ार की थी। राजू ने कहा मैं अपनी कटौती करूँगा, पर माँ के लिए चप्पल ही ले जाऊँगा। तब राजू ने ख़ुशी-ख़ुशी चप्पल का पेमेंट कर घर जाने को उठा।

लक्ष्मी रूपी धरी, माँ मेरे लिये महान है। ज्यों उठा जाने के लिए, आवाज़ आई, रुक भाई, पीछे मुड़ा, वही सेल्स मैन हाथ में एक डब्बा लिए राजू की ओर लपका . कहा ये जोड़ी माँ के लिए। टूट जाये तो इसे पहन ले। मैं अपनी सैलरी से पैसे कटवा लूँगा, और हाँ माँ को मेरा प्रणाम कहना। भाई मेरे ना नहीं करना। कहते एक दूसरी के हम भाई है, समय आने पर मुझे अवश्य याद करना, मैं इंतज़ार करूँगा। कह चप्पल हाथ में थमा दिया। पैर के नाप वाला कागज की चाह रखी। ये पैर लक्ष्मी रूप है कह कर उससे अपने पॉकेट में रख लिया। सेल्समैन की माँ भी बड़े छोटे उम्र में गुजर गई थी। वो भी ग़रीब का बेटा, ग़रीबी क्या होती, उसने नज़दीक से देखा था। अपनी माँ को उसने भी कभी चप्पल पहने नहीं देखा, छोटे में ही माँ गुजर गई। मैंने तुम्हारी माँ में अपना रूप देखा।

इंकार न करना। माँ को मेरी ओर से देना और प्रणाम मेरा कहना।

घर जा इस आकृति को पूज़ा में रखा कि यह लक्ष्मी स्वरूप पैर है। पूजने से वरक्कत, (धन की वृद्धि) होगी, ऐसा अटल विश्वास था।

सर्दी की एक रात

माघ पौष का महीना। ठंड बहुत कड़ाके की पड़ रही थी। बूढ़ी माँ को बेटे ने आश्वासन दे रखा था वो आएगा, अम्मा को ले जाएगा। इसी इंतज़ार और विश्वास के साथ अम्मा इंतज़ार में टकटकी लगाए देहरी पर बैठी रहती।

एक दिन बुरा हो ही गया। सर्दी लग गई बेचारी अम्मा को। सूरज को लगता दिखाई नहीं देता, दिन में भी छुपे बैठा है। बादल चारों ओर घिरे हैं। अम्मा बेचारी ठंड में बैठी बेटा के आने की राह निहार रही। उन्हें कहाँ मालूम कि ठंड उनके लिए कितना ख़तरनाक साबित हो सकता है। लेकिन अम्मा माने तब न। देहरी पर बैठी इंतज़ार कर रही बेटा अभी आएगा, मुझे यहाँ से ले जाएगा। नहीं, नहीं वो बोल गया था यहाँ बैठी रहना, मैं आऊँगा तुम्हें ले जाऊँगा, अश्वासन दे चला गया। लेकिन कहाँ बेटा आने की बात से दूर, अम्मा को ले जाने की बात भी न सोची। भयंकर ठंड थी अम्मा बैठी इंतज़ार करती रही, विश्वास के साथ बैठी रही। दो दिन से न ख़ाना खाया न वहाँ से उठीं बैठी इंतज़ार करती रही। बग़ल की काकी ने अम्मा से आ कर कहा, अम्मा अंदर चली जाओ। ठंड बहुत पड़ रही है। बूढ़ी हो, अम्मा शरीर कमजोर है, ठंड लग जाएगी। लेकिन अम्मा माने तब न। उन्हें तो एक ही रट थीबेटा आएगा, मुझे ले जाएगा। लेकिन कहाँ? इसी बीच जर्जर शरीर से कब प्राण पखेरू उड़ गये, किसी को पता नहीं चला।

सबेरे अम्मा को स्थिर बैठा देख दूध वाले ने देखा, अम्मा निडाल हो वहीं पर गिर पड़ीं। अब अम्मा के घर भीड़ जम गई। बेटा को अम्मा के इंतक़ाल की ख़बर हुई। मालूम पड़ा बेटा के इंतज़ार में अम्मा का यह हाल हुआ। सर्दी की एक रात जो ख़ौफ़नाक सिद्ध हुई।

हस्तझेप

दिन रात की परेशानी, चिक–चिक करती कठोर सी आवाज़। ये बहुत चुभन सी होती रही सासु माँ की आवाज गीता को परेशान करने लगी। दिल मानने को तैयार ही नहीं, कहीं अपना बेटा ही इस तरह करे। एक दिन उनके बीच की बढ़ती दूरी को देख, निकटता लाने के लिए गीता ने बेटा बहू के बीच हस्तक्षेप करना चाहा। लेकिन बेटा राम ने मना कर दिया। नहीं मम्मी, आप नाहक परेशान होतीं है। सब ठीक हो जाएगा, आप पति–पत्नी की बात में न पड़ें। लेकिन रात होते ही फिर वही कठोर सी आवाज़ आने लगती। क्यों बेटा के बाहर से आते ही बहू नेहा की आवाज़ ज़ोर पकड़ लेती। लेकिन बात क्या है, गीता समझ ही नहीं पाती। नई–नई शादी हुई है और महीना दो महीना में रंगत बदल गई। शादी तो प्यार की थी। वर्षों दोनों ने प्यार मोहब्बत से दिन गुजारे तभी शादी की स्थिति बनी। लेकिन आज क्या हुआ, पासा पलट गया। गीता बहू के लिए उल्टी सीधी बातें करती रही। हस्तक्षेप करना चाहा लेकिन बेटा कि मनाही थी, बीच में बोलने की। लेकिन एक दिन अचानक दरवाज़े के पीछे खड़ी हो गीता, इनकी बातें सुन ली। पैरों तले ज़मीन घिसक गई।

बेटा किसी दूसरी लड़की से प्यार करता था। शादी उसने माँ की ख़ुशी के लिए किया। प्यार मैं इना से करता हूँ। मैं उसके साथ ही रहूँगा। तुम माँ के साथ घर सम्भालो।

रोती हुई नेहा ने राम से पूछा क्या मेरे साथ एक वर्ष से तफ़री की वो क्या था?

रात–दिन एक कर विवाह के बन्धन में बांधा। ये क्या ढोंग था। मेरे घर वाले तुमसे ब्याह करना नहीं चाहते थे। मैंने अपनी ज़िद्द की वजह से सभी को राजी किया इस शादी के लिए। राम ने कहामैंने तुम्हारी संपति के लिए ब्याह किया। आमिर बनने की लालसा थी। वह तुम्हारे घर वाले धूमिल कर दिये। न धन दिया न तुम्हें कुछ दिया। अब मुझे तुमसे लगाव कैसे हो सकता?मैं तुम्हारे साथ नहीं रह सकता। तुम यहीं रह अपनी ज़िंदगी जीयो, मैं अपनी। नेहा सुन भक हो गई। चारों ओर अंधेरा छा गया। विवश हो राम को निहारने लगी। प्यार के पीछे ज़ालिम छवि। हैरान हो गई, सासु माँ से बातें करूँ या अपने घर चली जाऊँ। यही ऊहापोह में उलझी शून्य में निहारती रही। राम कमरे से बाहर आया। दरवाज़े के पीछे अपनी माँ को देख ठिठक गया।

गीता को लगे, क्यूँ मैं बहु से बात नहीं की?

नई शादी हुई, लेकिन नाम मात्र की। बहू के लिए बहुत दु:ख हुआ। उसकी भी कुछ तमन्नाएँ होती। बेटा मुँह से ऐसी बातें सुन आँखें पथरा –सी गई। पति (राम के पिता) के पास चली गई।

बेटा क्या ऐसा कर सकता है?

मेरे मीत

घर की स्थिति अच्छी नहीं थी। किसान आंदोलन के कारण गाँव में ग़रीबी घर-घर बढ़ रही थी। हरमीत के पति विक्रमजीत सिंह काम करना छोड़, सरपंच जी के आगे पीछे करने में जुटे हैं। सरपंच जी का सभी को बुलावा आया। जाना हर परिवार को निश्चित था।

चाहे घर में रोटी सेकें या न सही। सरकार को जो दिखाना था अपनी मजबूरी दर्शाते माँगें रखनी थी चार। धीरे-धीरे गाँव के सारे वासी इस आंदोलन में कूद पड़े। न सही सोच न आगे पीछे परेशानी को सोचा। बस सरपंच जी का साथ देना है। उसी में एक विक्रमजीत सिंह भी था। घर में दो छोटे बच्चे थे उन्हें छोड़ हरमीत को भी साथ ले चल दिये, आंदोलन के लिए। बहुत दिनों से किसान आंदोलन का जोखिम हरमीत और उसके परिवार को झेलना पड़ रहा था। लेकिन क्या करे -सरपंच जी का न्योता था। ठुकराना ठीक नहीं था। हरमीत का पति विक्रमजीत सिंह अपने गाँव का ईमानदार मज़दूर के नाम से विख्यात था। सरपंच जी सुखविंदर सिंह गाँव पर बड़े धौंस दिखाते। लेकिन गाँववाले सरपंच जी की बहुत सम्मान करते थे। सरकार के विरुद्ध मोर्चा खोल लिया था किसानों ने। सरपंच जी अपनी माँग सरकार से मनवा रहे थे, जो सरकार ने किसानों को फ़ायदा ही फ़ायदा के लिए क़ानून बनाया। परन्तु किसानों के समझ से बाहर थी। बहकावे में आकर अनशन शुरू कर दिया। सरकार ने लाख कोशिशें की समझाने की, लेकिन ये लोग बात समझने की कोशिश ही नहीं करते।

इधर बहुत दिनों से हरमीत अपने गाँव नहीं जा पा रही थी, कारण किसान आंदोलन एक साल से चल रहा था। इसीलिए सोचा ठीक है पति के साथ चल रास्ते में माइके भी हो लूँगी घर-घर की स्थिति अच्छी नही थी, उस पर आंदोलन में शामिल होना अति अवश्य था। नेता जी का आवाहन था। क्या करती पति विक्रम जीत सिंह के साथ जाने को तैयार हुई।

कपड़े तो बेचारी ने अपनी मरून रंग की लहंगा, लाल चूनर, लाल परांधा, बैगनी कुरती नारंगी जुती, हाथ में लाल चूड़ियाँ पहन, तैयार हो चलने लगी। ठीक ठाक पहन रखी परंतु जुती उधड़ी हुई थी। उसे ही पहन कर चलने को थी मजबूर। क्योंकि बस एक ही जुती पास थी, उसे ही पहन तैयार हो गई। जाते जाते रास्ते में ही जुती का सोल निकल गया, बेचारी किसी तरह पैर घसीट कर चलती रही। पैर में छाले पड़ गए, फिर भी कहते हैं न "नारी तो सहनशील होती है" उफ़्फ़ नही करती हँसते-हँसते सारी तकलीफ़ झेल लेती है। तभी न बिना उफ़्फ़ किए पति विक्रम जीत सिंह के साथ अपनी परेशानी न बायाँ कर चल पड़ी।

विक्रम जीत सिंह को जल्दी पड़ी थी। क्योंकि अभी आंदोलन समाप्त नही हुआ था। आगे भी कुछ बातें होगी। यही सोच चलता जा रहा था। उसे याद ही नहीं रहा की पत्नी के साथ आया है। अपनी पूरी रफ़्तार से आगे बढ़ता गया। गाँव वाले सभी इंतज़ार कर रहे थे। आगे आगे बढ़ता गया, पीछे मुड़ देखना उसे गवारा न था।

साथ

एक बार राजू स्कूल से घर जा रहा था। रास्ते में दोस्तों ने चिढ़ाना शुरू किया राजू बड़ा अनमोल है नम्बर लाता गोल है। सुन-सुन राजू पक गया, रोने लगा। दूसरे दिन तड़के उठा और माँ से मिन्नतें करने लगा, मैं आज स्कूल नहीं जाऊँगा। स्कूल जाना अच्छा नहीं लगता। माँ भी थोड़ी असमंजस में पड़ गई, आख़िर ऐसी क्या बात हुई जो राजू स्कूल जाने से कतराने लगा।

माँ राजू को साथ ले प्रधान अध्यापक के कमरे में गई। प्रधान अध्यापक ने राजू के रिपोर्ट कार्ड देखे। नंबर ज्यादा गोल-गोल था। प्रधान अध्यापक ने राजू से पूछा क्या पढ़ाई तुम्हें समझ में नहीं आती?क्या पढ़ना अच्छा नहीं लगता?

राजू ने कहा 'मुझे याद नहीं रहता। प्रधान सर ने समझाया, एक पाठ को बार-बार पढ़ो। पुस्तक के साथ-साथ रहो। जब तक याद न हो एक पाठ के साथ पढ़ते रहो। पुस्तक का साथ कभी न छोड़ना। पुस्तक से प्राप्त की गई ज्ञान जीवन भर साथ निभाती है। जीवन का सबसे बड़ा धरोहर शिक्षा है। जिसका अंत तक साथ रहता है। राजू ने प्रधान सर की बातें सर आँखों पर लिया और तन-मन से पढ़ाई में जुट गया। एक पाठ इतनी बार पढ़ता, जबतक उसे याद नहीं होती। अपने प्रधान अध्यापक की बातें, अपने मन में गाँठ बांध ली। पुस्तक का साथ कभी नहीं छोड़ा। इतनी पढ़ाई की, कि अगले साल प्रथम श्रेणी से पास किया। आगे भी उच्च शिक्षा अच्छी श्रेणी से निकलता रहा। पुस्तक का साथ सदा हो, सफलता कदम चूमेगी।

प्रेम हो तो ऐसा

एक बार नीना अपनी सखी रूपा से कहे जा रही, देखो न आज कल मेरी माँ मुझ पर, हर बात पर बरस पड़ती है। बातें उनकी समझ नहीं पाती। बेवजह लाल पीला होती रहतीं। आख़िर कारण क्या है, जानने की कोशिश ज़रूर करनी चाहिए थी। तब उसे समझ आया कि माँ ने, दरअसल एक लड़के, जिसे माँ पसंद करती हैं, उसी से मेरी शादी पक्की करना चाहतीं थीं।

मुझे वो लड़का बिल्कुल पसंद नहीं था, एक तो अधेड़ उम्र, उसपर सर गंजा। बोलो मैं कैसे हाँ करूँ। कहते– कहते नीना विफर पड़ी, अपनी सहेली के गले लग गई। मेरे इनकार करने से घर में सभी मुझसे नाराज़ हो गये।

लेकिन वो लड़का जिसका नाम रमन था, बहुत सुशील शांत सौम्य विचार का सरकारी नौकरी करने वाला, लड़का था। उसे एक अच्छी लड़की की तलाश थी। इसी कारण मेरी माँ से मेरा हाथ माँग लिया, और माँ ने भी हामी भर दी। लेकिन नीना को पसंद नहीं था। ठीक है माँ ने पसंद किया है, ज़रूर कुछ बात ख़ास होगी। उसने भी आधे मन से माँ की बातों का सम्मान कर, शादी के लिए हामी भर दिया। शादी तो घूम धाम से हो गई। पति रमन दिल के बहुत सुलझे शांत दिमाग़ सौम्य बुद्धि, नीना को भा गया। रमन ने कभी नीना की ज़िंदगी दख़लअंदाज़ी नहीं की। नीना जैसा चाहती थी वैसा ही परिवार मिला।

ससुराल गई, वहाँ भी आज़ादी पूर्ण रूप से था। सासु माँ बहुत अच्छी, पूरे आज़ादी से नीना को जीने का हक़ मिला, प्रेम हो तो ऐसा।

चाय

हाँ-हाँ एक कप चाय ही तो चाहिए थी, फिर इतना बवाल क्यों उठा? क्या बहु चाय बना कर देना नहीं चाहती। अगर नहीं चाहती है तो बता देती। क्यों ख़ामख़ा मैं इंतज़ार करती। मैं ख़ुद बना लाती न। बुदबुदाते हुए रानी रसोई में जाकर एक कप चाय ले आई।

थोड़ी देर बाद बहु रीमा ने भी एक कप चाय लिए सासु माँ के कमरे में आई। अरे ये क्या,,,, अम्मा जी आपने इंतज़ार नहीं किया, मैने कहा न आ रही हूँ, बेबी को फीड करा रही थी। उसे सुला कर मैं भागी-भागी आई। ये लीजिए कड़क चाय मैंने आपके लिए ही बनाई है, इसे पी कर देखिए,,,, अलग स्वाद मिलेगा। मैंने बड़े प्रेम से आपके लिये बनाया है।

अरे ये क्या बहु, इसमें शक्कर देना ही भूल गई। तुम्हें पता है न बिना शक्कर की चाय मैं नहीं पीती। फिर तूने ऐसी गलती क्यों की?ले जा अपनी चाय। मैंने जो बनाया उसे तुम जरा पी कर देखो, चाय कैसे बनाई जाती है। रीमा भी यही चाहती थी अम्मा जी अपनी हाथों की चाय एक बार मुझे भी पीला दे, लेकिन नसीब कहाँ? अम्मा जी को मेरे हाथों की बनाई चाय चाहिए नहीं मिली तो बड़बड़ाते हुए ख़ुद बना ले आतीं।

आज रीमा ने सासु माँ की चाय की बड़ाई जैसी सुनी थी, आज उससे कहीं अधिक टेस्टी चाय नसीब हो गई, जिसकी चाहत वर्षों से मन में पाल रखी थी।

आज एक कप चाय सास बहू को क़रीब कर दिया। सासु माँ के हाथ की चाय |

गुजरे दिन

रामू काका की पत्नी पेट से थी। आजकल में वो एक नन्ही सी जान को दुनिया में लाएगी। घर में किलकारियाँ गूंजेगी। आँगन में ख़ुशियों का बहार छायेगा। औरतें सोहर गायेंगी। सोचते –सोचते काका कब नींद के आग़ोश में समा गये। आँख खुली तो वक्त बहुत हो गया था। पत्नी छाया दर्द से कराह रही थी। लगता है समय आ गया। धाई माँ को बुलाना होगा कह भागे –भागे धाई माँ को बुला लाया। काभी चीख पुकार के बाद नन्ही सी जान बिटिया ने जन्म लिया। रामू काका को बताया गया बिटिया हुई है, काका। मिठाई बाँटों सारे गाँव में, घर लक्ष्मी आई है। इतना सुनते ही काका सिर पकड़ बैठ गए। बेटी इ तो अनर्थ हो गया। हम ठहरे ग़रीब। ब्याहने के पैसे कहाँ से लायेंगे। अगर फसल ठीक ठाक न हुआ, पैसे अच्छे न मिले तो कैसे इसके लिए दहेज के पैसे जुटा पाऊँगा। यही सोचते धड़ाम से टूटे कुर्सी पर जा गिरे।

पिता हरिया खबर सुन दौड़ा चला आया। बिटिया को मुँह दिखाई में एक तोला का सोना चेन दिया। रामू काका को अच्छा नहीं लगा क्यों बाबा बच्ची पर पैसे बर्बाद का रहे हैं? अरे लड़की है, आफ़त की पुड़िया। जिधर देखो खर्च –ही खर्च नज़र आ रहा था। उसने उसको बिना देखे नज़रअंदाज़ कर दिया। पत्नी छाया भी उदास रहने लगी। थोड़ा स्वाथ्य भी नासार था। कौन शुभ कार्य में बेटा की माँ का चेहरा देखना पसंद करते हैं मैं तो एक बेटी जनी हूँ। यही ऊहापोह में छाया सबेरे जल्दी उठी और बिटिया को गले से लगा लिया। कोई कुछ भी कहे, मैं अपनी बिटिया को पढ़ा लिखा कर योग्य लड़के से ही ब्याहूँगी। पढ़ा लिखा योग्य बनाऊँगी। गले से लगाए सोचती रही। अचानक बच्ची के रोने की आवाज़ से ध्यान टूटा।

दो राहें

ज़िंदगी दो राह पर खड़ी थी। पति राकेश की नौकरी दूर देश में होने के कारण, रीमा अपने दो बच्चे और बूढ़े सास ससुर के साथ अलग रहती थी।

बहुत दिन हो गए थे, राकेश घर नहीं आए थे। सीमा पर रहने वाले छुट्टियाँ भूल जाते हैं। राकेश करे तो क्या करे। मन मसोस कर अपने कामों में व्यस्त रहते। राकेश को दो साल हो गए, परंतु आने की छुट्टी नहीं थी। लेकिन इस बार के करवा चौथ पर किसी तरह राकेश को छुट्टी मिल गई। राकेश रीमा को अपने आने की सूचना नहीं दी। करवा चौथ के दिन राकेश को अचानक देख रीमा ख़ुशी से झूम गई।

आज करवा चौथ का दिन है। राकेश के हाथ जल ग्रहण कर रीमा ख़ुशी से फूले न समा रही थी। घर में राकेश के माता पिता और दो बच्चे, जो बहुत ख़ुश थे। बहुत दिनों बाद बच्चे पापा के साथ पिकनिक मनाने बाहर गए। साथ में दादा दादी को भी ले गए। वापस शाम को घर लौट बच्चे पापा के साथ खूब मस्ती कर रहे थे कि फ़ोन की घंटी बजी–ट्रिंग ट्रिंग ऽऽऽऽ

फोन पर बातें हुई और फिर राकेश पापा से बोले, मुझे अभी निकलना है। सीमा पर जंग छिड़ गया है। छुट्टियाँ रद्द की जाती है। सभी काफ़ी मायूस हो गए। राकेश जाने की तैयारी करने लगे।

राकेश को अपने गंतव्य पर पहुँचना था। रीमा पति को छोड़ने स्टेशन गई। चार बजे का समय निर्धारित था ट्रेन आने की। ट्रेन आ गई। राकेश ट्रेन पर सवार हो गए। रीमा नीचे खड़ी हाथ हिलाती रही। राकेश भी हाथ हिला पत्नी का समर्थन कर रहे थे। अचानक रीमा मूर्छित हो धड़ाम से गिर गई। ट्रेन धीरे–धीरे अपनी द्रुत गति पकड़ ओझल हो गई।

संघर्ष

एक दिन एक छोटा बच्चा गुड्डू, अपने पिता को सर पर लाइट की लड़ी लिए आगे बढ़ते देख रहा था। बारात के साथ सर पर लाइट का भार उठाये रामू काका शनै :-शनै : बारातियों के साथ चल रहे थे। छोटा गुड्डू सोच रहा था, क्या पिता जी भी सर पर भार उठाए उतने ख़ुश हैं, जितना और लोग। नहीं पिता जी तो पैसे के लिए सर पर भार उठाए हैं। गुड्डू की पढ़ाई, गुड्डी की शादी। पैसे नहीं हो तो कहाँ से घर का गुज़ारा चलेगा। यही सोचते बारातियों के संग, छोटा गुड्डू बढ़ता जा रहा था।

पिता की मेहनत देख, गुड्डू सोचता रहा। क्या कोई काम छोटा होता?नहीं मेहनत से की हर काम छोटा नहीं होता, हर काम सार्थक है। कल बहन की पढ़ाई शादी के लिए पैसे कहाँ से आएँगे। आज पिता जी, अपनी मेहनत की कमाई से, पढ़ाई पूरी करा देंगे, कल मैं पिता जी का सहारा बनूँगा और बहन की शादी उसी धूम धाम से करूँगा, जैसा सभी करते है।

गुड्डू अपनी पढ़ाई पूरी निष्ठा और लगन से पूरी की। सरकारी नौकरी की ख्वाहिश लिए आगे की पढ़ाई पूरी की। सरकारी नौकरी के लिए आवेदन किया। भगवान की कृपा से आवेदन स्वीकृत हो गई। पिता और भगवान की कृपा से गुड्डू सरकारी नौकरी के लिए चयनित हो गया।

अब घर की हालत बदल गई। गुड्डू ने बहन की शादी बड़े धूम धाम से की। लेकिन पिता सर पर लाइट ले कर, बेटी की बारात उतने ही घूम धाम से लगाने आए जैसे औरों की बारात लगाते थे। गुड्डू पिता की समर्पित भावना को, दूर से खड़ा, निहारता रहा।

थकी हारी बिटिया

कॉलेज की पढ़ाई, बहुत दिनों से कोरोना के कारण बंद था। दो साल के बंदी के बाद कालेज जाना नीता को अच्छा नहीं लग रहा था। थक जाती शाम को घर आ कर। परीक्षा की तैयारी करना था। परीक्षा नजदीक सर पर थी। स्नातक की छात्रा थी नीता।

नीता की मम्मी ने नीता को खाना खिला, आराम से बिस्तर पर सोने को कहा। परंतु थकी हारी नीता पढ़ाई करते करते टेबल पर ही सर टीका सो गई। दिसम्बर की रात, दांत काटी ठंड, टेबल पर सर टिका सोना, माँ को तकलीफ दे रहा था। परंतु नीता के कान में जूँ तक नहीं रेंगा।

मम्मी भी बेटी के प्यार में, लाडो के ही पास बैठ गई। कब झपकी लग गई, पता ही न चला। अचानक नीता की आँख खुली तब रात के दो बज रहे थे। देखा कड़कड़ाती ठंड में माँ कैसे सो रही है। एक कम्बल ला कर माँ के शरीर को ढक दिया।

इन दिनों माँ की तबियत बहुत ख़राब रहती है। जब से कोरोना हो गया था, तब से कुछ न कुछ कॉम्प्लिकेशन बना रहता है। कोरोना काल में कोरोना के कारण अपने पिता को नीता ने खोया था। तभी से उदास सी रहने लगी थी। माँ भी नीता की उदासी बर्दाश्त नहीं कर पाती थी। अपने मन की बातें मन में ही रख अपने कामों में उलझी रहतीं।

अपनी सेहत का ख़्याल ही नहीं किया। नीता भी कुछ बनना चाहती थी। दिन रात पढ़ाई में जुटी रहती। इसी बीच कालेज भी जाना जरूरी था। थक जाती कालेज से आ कर। एक ओर पढ़ाई की धुन और दूसरी ओर पिता को खोने का दु ःख। पर माँ के सामने अपना चेहरा, सदा हँसते हुए दिखाना, नीता की फितरत थी। पर अंतर्मन बैठा जाता पिता के याद में। माँ भी अपने को बेटी के सामने सदा नॉर्मल रहती, पर अंदर ही अंदर घूँटती रहती। इसी कारण माँ की तबियत अंदर –अंदर ख़राब रहने लगी।

एक दिन माँ को नीता से कहना ही पड़ा, बेटा तुम जल्द ही विवाह कर लो। मेरी सेहत ठीक नहीं रहती। मैं चाहती हूँ, तुम्हारे हाथ पिला कर दूँ। भार मुक्त हो जाऊँगी। बेटी माँ को एकटक निहारती रही कहा ये क्या है माँ। अभी मैंने अपनी पढ़ाई पूरा भी नहीं की, फिर शादी की बात कहाँ से आई। मैं अपनी भोली सी प्यारी माँ को छोड़ कहीं नहीं जा सकती। भीगी आँखें से देख रही थीं, पाता नहीं माँ ऐसा क्यूँ सोचती हैं। ज़रूर माँ मुझसे कुछ छुपा रही थी।

तबियत ठीक न रहने के कारण, माँ चुप रहती। उन्हें तो पता नहीं, अपने कामों के संग ही रहना अच्छा लगता था। नीता अपनी माँ को इस रूप में कभी देखा ही नहीं था। फिर आज़ क्या हो गया।

नीता, दूसरे दिन माँ को डाक्टर के पास चेकअप के लिए ले गई। डाक्टर ने नीता को बताया, माँ की दोनों किडनी खराब हो चुकी है। माँ कुछ ही दिनों की मेहमान है। नीता इन्हीं सभी बातों से उदास सी रहने लगी।

फिर क्या वो काली रात नीता के घर को छू दिया। अचानक माँ की तबियत ख़राब हो गई। जब तक डाक्टर के पास माँ को ले जाती, रास्ते में ही इस दुनिया को अलविदा कह सभी को छोड़ चल बसी। अब नीता पर वज्रपात हुआ। अपने सपनों को टूटते देखा। उदास सी नीता सर नीचे कर माँ की याद में सिसकती रहती। खुला किताब छोड़ सर टेबल पर टिका यादों में खोयी रहती। अब तो उसे इस ठंड में प्यार करने वाला कोई नहीं था, सिसकती रही।

माँ की याद में कब नींद के आग़ोश में समा गई।

अंतरिक्ष की सैर

रानु अपनी माँ मीना के साथ शहर में रहता था। शहर में अट्टालिकाएँ होती है। रानु अपनी माँ के साथ बारहवीं तल्ला पर रहता था। अपने दोस्त कमल के साथ ऊपर छत पर हमेशा जाता और ऊपर असमान की ओर टकटकी लगाए देखता रहता। कहता ..देख रानु असमान में कितने तारे चमकते हैं। मुझे भी उन तारों को छूने को दिल चाहता है।

दिन में रानु घर पर सोया रहता। लाख माँ के जतन करने पर भी जल्द नहीं उठता। बहुत मुश्किल से मीना मनुहार कर बच्चे को घूमने ले जाती। एक दिन पार्क ले गई। दूसरे दिन चिड़ियाघर ले गई। लेकिन रानु अनमना सा करता। कोई दिलचस्पी नहीं लेता। बस उदास घर में ही रहना पसंद करता। किसी से बातें करना भी उसे अच्छा नहीं लगता। शहर जाने की ज़िद्द करता। लेकिन मीना शहर की चकाचौंध से दूर रहना चाहती थी। शहर में मिलावटी हवा असमान को धूमिल कर रहा था। रानु को अपना गाँव ही बहुत भाता था। पर उसे शहर जाने की ज़िद्द थी। उसकी ज़िद्द के आगे उसे मीना को नतमस्तक होना पड़ा। गाँव से शहर आ गई।

मीना ने रानु की खामोशी का राज भाँप लिया। और रानु को एक दिन प्लेनेटोरिम ले गई। रानु असमान में ये तारे देख बहुत हर्षित हो गया। माँ रानु के लिए एक टेलीस्कोप ला, खिड़की पर फिट कर दिया। रानु बहुत ख़ुशी से टेलीस्कोप देखता। देखते -देखते उसे टूटता हुआ एक तारा दिखाई दिया। उसे आश्चर्य होता आख़िर ये तारा टूट कर कहाँ जाते हैं। सोचता-सोचता सो गया। सपने में परी दिखाई दी। उसे परी अपने साथ स्वर्ण लोक ले गई। जहाँ तरह-तरह के चाँद सितारे दिखते थे। रानु बहुत खुश हो परी लोक का भ्रमण करने लगा। अब सो कर उठता और माँ से सपने की बीती पूरी कहानी बताता। इस तरह परी सपने में आ कर रानु को चाँद सितारे की सैर कराने लगी। अब रानु की दुनिया ही बादल गई। खुशी -खुशी अपने पढ़ाई में तल्लीन होने लगा। अव्वल दर्जा से क्लास में पढ़ाई कर, परीक्षा पास करने लगा।

भीलवाड़ा गाँव की कहानी

भीलवाड़ा गाँव की तीन महिलाएँ, रेखा, रीता सीता, तीनों समाज सेविका। परंतु गाँव में कैसे पास जा कर जल बचाओ अभियान पर चर्चा करे यही सोच में तीनों सहेली सलाह मशवरा में। तीनों सखी रेखा, रीता, सीता ने सोचा क्यों न नए परिधान में गाँव में प्रवेश किया जाए, जिससे गाँव वाले आकर्षित होंगे तब उनके बातों का भाव बढ़ेगा।

पानी जीवन की बड़ी समस्या है। यही सोच तीनों निकल पड़ी। गाँव में पानी की बहुत दिक़्क़त है। कोसो दूर मीठा पानी, कुएँ से लाना पड़ता था। गाँव वाले खारा पानी पी बीमार पड़ रहे थे। बात की जानकारी समाज सेविकाओं को मिली। इसी कारण तीनों सहेली गाँव पहुँचीं।

पर ये क्या पानी तो सभी पी रहीं, पानी कैसा है इसकी पहचान ही नही थी। इन तीनों समाज सेविकाए उस पानी की जाँच की तो उसमें अनेक प्रभावी बैक्टीरिया मिला। जो गाँव वालों को समझाने की कोशिश करती रहीं। लेकिन अनपढ़ औरतें इनकी बातें समझ ही नहीं पाई, और सेविकाओं को गाँव से बाहर करवा दिया।

कुछ दिन ही बीते ही पूरे गाँव में महामारी फैल गया। गाँव की हालत ख़राब होने लगी। अब पता लगाना अति आवश्यक था कि आख़िर क्यों ऐसा हुआ तब पता चला दूषित पानी के कारण ही पूरा गाँव चपेट में है। प्रशासन की ओर से राहत कार्य चला और शहर से शुद्ध पानी सप्लाई होने लगा। टैंक द्वारा पानी गाँव लाया जाता और गाँववासी को शुद्ध पानी मुहैया कराया जाता। धीरे-धीरे गाँव वासी में सुधार होने लगा।

अब गाँव वासी जागरूक हो गए, शुद्ध पानी और शुद्ध आहार ही जीवन जीने का सहारा है। गाँव वासी तीनों समाज सेविका को बुला माफ़ी माँगी और उनके कही बातों पर अमल करने लगे।

मेरी सासु माँ

माया अपने पति और सासु माँ के साथ रहती थी। एक बार सासु माँ को कहीं जाना था। समय पर दावा खाने की हिदायत रहती थी। समय का ज्ञान सासु माँ को नही था। अकेली कही जा रहीं थीं। बेटा ने उन्हें समझाया। काली चौक पहुँच अपने समय का ख़याल रखना। सासु माँ ने हाँ में सिर हिला, बस में बैठ गईं। हर दो मिनट में खड़ी हो जाती। कंडक्टर से पूछती, बेटा काली चौक आ गया क्या? कंडक्टर कहता–नहीं माता जी आने से बता दूँगा। थोड़ी देर में फिर बस दूसरी स्टाप पर पहुँची। फिर खड़ी हो जाती बेटा काली चौक आ गया?

कंडक्टर फिर उन्हें बैठाता ..अम्मा आएगी तो मैं इतिला कर दूँगा। आख़िर दो घंटे बाद काली चौक आ गया। कंडक्टर ने कहा माता जी काली चौक आ गया। धीरे से उतरें। मैं सहारा दे दूँगा। अम्मा ने कहा ..बेटा मुझे तो काली चौक नहीं जाना है। मुझे तो हटिया जाना है। कंडक्टर ने कहा ..माता जी वो तो कब के पीछे छूट गया। ठीक है आप चिंता न करें मैं लौटते आपको छोड़ दूँगा।

सासु माँ ने कहा .नही बेटा, मुझे बेटा ने कहा था काली चौक पहुँच दवा खा लेना। समय का ज्ञान नहीं, जगह बताने से मुझे दवा का समय का पता लगेगा।

हरित-सबक़

बहुत लम्बे समय बाद हम सभी गाँव पहुँचे। वो माया का ससुराल है। जहाँ माया की सासु माँ अकेली रहती और खेती बाड़ी के देख- रेख में जीवन बसर करती। माया अपने पति बच्चों के साथ, गाँव सासु माँ से मिलने गई। सभी गाँव की सुंदर हरियाली का नज़ारा देखते सासु माँ के पास पहुँच गई।

सासु माँ दिन भर कामों में व्यस्त रहती। हम सभी को तरह-तरह के पकवान बना खिलाती। माया बहु रानी, रसोई के काम से अलग कर देतीं। रोज़ सबेरे बच्चों की क़सम दे माया को काम करने से रोक देतीं, और खुद काम में व्यस्त रहतीं। पति मेरे माँ को इस उम्र में काम करता देख सहन नहीं कर पाते। खट्टी मीठी बातें सुनाते। विवश हो, पति से कुछ नहीं कह पाती। सासु माँ रोज़ सबेरे बच्चों की क़सम दे माया को काम करने से रोक देतीं।

माँ को काम करता देख बेटा माँ को डाँट लगाते, क्यों तुम रसोई में जाती हो। माया आई है, चार दिन तुम्हें आराम देगी। पर सासु माँ अनसुनी सी निकल जातीं।

दोपहर को सासु माँ थक कर आराम कर रहीं थीं। सासु माँ को सुस्ताते देख माया ने पूछ ही लिया। आख़िर आप सारा दिन खुद काम करती हैं, आराम नहीं करतीं। सासु माँ कहती नहीं, बिना काम किए मैं रह नहीं सकती। तुम सभी चार दिनों के लिए आती हो, आराम करो। कह कर खेत से चने की साग तोड़ने चली गाईं। ये साल का पहला हरित -सबक़ था।

अपना, अपना होता है

एक बार राजू बहन स्वाति की शादी करने के बाद, अपनी बहन स्वाति के ससुराल के बगल वाली बिल्डिंग में ही अपना फ़्लैट ले लिया। आराम से सभी रह रहे थे।

एक दिन राजू के घर में चचेरा भाई रोहित आया। वो शादी के लिए लड़की खोज रहा था। मालूम हुआ एक लड़की राजू भैया की साली थी, शादी के लिए हामी भरवा ली। ससुर जी अपनी दूसरी बेटी प्रीति की शादी, रोहित के साथ करने की हामी भर दी। धूम धाम से शादी सम्पन्न हो गई। अब प्रीति भी स्वाति के आस पास ही फ़्लैट ले कर रहने लगी। एक दिन राजू भैया प्रीति के घर गए। प्रीति सभी को देख बहुत खुश हो गई। वो बहुत आव भगत उनका की। फिर चाय लेकर आई। चाय फूल क्रीम दूध में बना कर पिलाई। राजू चाय पीकर वाहवाही का पुल बाँधता रहा। प्रीति का देवर वहीं खड़ा था।

वाहवाही सुनते सुनते बोला, इतनी क्या खास बात है जो आप लोग तारीफ़ पर तारीफ़ करते जा रहे थे। राजू जी ने कहा, मैंने आज तक प्रीति के हाथ की इतनी स्वादिष्ट चाय फूल क्रीम में चाय नहीं पी। हमेशा पनझोझर चाय पी रहे हैं। देवर खड़ा सुनता रहा, टपक से बोल पड़ा, हाँ हाँ अपना, अपना ही होता है।

झूठी बखान

राघव जी अपने दो बेटे और अपनी पत्नी के साथ गाँव से शहर रहने आए। गाँव से शहर की रहन सहन में बहुत फ़र्क़ था। दोनो बहुएँ साथ रहती थी।

एक बार पत्नी गीता अपने सहेलियों से बड़ी बहु की बहुत तारीफ़ कर रहीं थी। उसकी बड़ाई किए नहीं थक रहीं थीं। पास पड़ोस वाले एक बार गीता के घर आए। पाँच छः औरतें थीं। आ कर जैसे बैठी, बड़ी बहु कही बाहर से आई, सभी को हाथ जोड़ प्रणाम कर, ऊपर अपने कमरे में चली गई, जहाँ उसके मायके वाले बैठे थे।

कुछ देर के बाद छोटी बहू बाहर से आई। उसने सभी के पैर छू कर प्रणाम किया और रसोई में चली गई। कुछ देर बाद ढेरों नाश्ता के प्लेट ले कर बाहर आई। सभी को बड़े प्रेम से नाश्ता कराया और चाय भी पिलाई। सभी के फिर पैर छू कर प्रणाम किया।

अब गीता की सहेलियाँ गीता से कही.. अरे तुम तो बराबर बड़ी बहु की बड़ाई करती हो और छोटी बहू की बुराई। लेकिन आज पता चला तुम्हें बड़ी की बड़ाई करने की क्या मजबूरी होती होगी। शायद तुम बड़ी बहु से डरती होगी।

सजग

रमाकान्त जी अपनी दो बच्चे और पत्नी के साथ बहुत आराम की ज़िंदगी बसर कर रहे थे। बच्चे बड़े होने लगे, धीरे –धीरे पढ़ाई में खर्च आने लगा। बच्चे बड़े हो गए, पढ़ाई के लिए रमाकान्त जी लोन लेने लगे। पत्नी ने मना किया कि ऐसा न हो कि हम कर्ज में डूब जाएँ और उतार ही न सके। रमाकान्त जी ने पत्नी रमा को समझाया, अरे पगली कल को बच्चे पढ़ लिख तैयार हो जाएँगे, फिर कर्ज कैसा।

हाँ बच्चे की पढ़ाई रंग लाई और दोनो बच्चे डाक्टर बन गए। अब ऊँची शिक्षा के लिए विदेश जाना है। पिता ने उसका भी इंतज़ाम कर बच्चों को विदेश भेज दिया। जहाँ उनकी पढ़ाई ख़त्म हुई और बच्चों ने वही किसी विदेशी से शादी कर की। अब बच्चों के पास समय कहाँ था।

रमाकान्त जी की सेवानिवृत्ति हो गई। घर की आमदनी कम हो गई। खर्च में कटौती होने लगी। एक दिन अचानक रमाकान्त जी बाथरूम जा रहे थे, पैर फिसल गया और रामाकान्त जी गिर गए। उनकी पैर की हड्डी चटक गई। रमाकान्त जी बेड पर आ गए। पत्नी रमा अकेले सेवा करते –करते थक गई थी। रमा ने एक दिन बच्चों को फ़ोन पर बताया, पिता के बारे।

रमाकान्त जी बच्चों को एक दिन बोले ..तुम लोग कुछ दिन के लिए यहाँ आ जाओ, माँ की मदद करो अकेली पड़ गई है। खर्च भी ज्यादा है। बच्चों ने जवाब दिया –पिता जी काम के लिए किसी को रख लें। हमलोगों के पास समय नहीं है, काम की व्यस्तता बहुत है। पिता ने कहा ठीक है बच्चों। एक बात याद रखना कल तुम भी पिता बनोगे। मेरी शुभकामना तुम्हारे साथ है।

जो बोओगे वही काटोगे

एक बार एक गाँव में एक ज़मींदार रहता था। उसके पास धन की अम्बार थी। गाँव के कुछ चोर आपस में विचार विमर्श करने लगे, क्यों इस ज़मींदार के घर में घुस के, कुछ धन चुरा लिया जाए। चोर– चोर मौसेरा भाई। चार दोस्तों ने मिल प्लानिंग कर ली कि किस तरह घर में घुसा जाए और चोरी कर फ़रार हो जाय। आख़िर इनलोगों का प्लान सफल हो गया और ये लोग सेठ का धन चुरा कर जंगल की ओर भाग खड़े हुए।

भागते भागते ये चारों थक गए और एक पेड़ के नीचे सुस्ताने लगे। भूख भी ज़ोरों की लगी हुई थी। दो दोस्तों ने बाज़ार जा मिठाई लाने को सोचा और दोनों गाँव की ओर निकल पड़े।

मिठाई के दुकान से ढेर सारी मिठाइयाँ ख़रीद ली और दोस्तों के पास आने लगे। दिमाग़ की उपज फिसली। ये दोनो दोस्तों ने प्लान बनाया, क्यों न उन दोनों को मार दिया जाए ताकि उनके हिस्से का धन इन्हीं दोनों को मिल जाएगा। यही सोच ज़हर का पुड़िया ख़रीद लाया। मिठाई में जहर मिला दिया और खुश हो गए की अब उन्हें मार कर उनका हिस्सा भी हम दोनों में बँट जाएगा। मिठाई ले कर दोस्तों के पास आया। इधर वो दो दोस्त भी कुछ ऐसे ही सोच रहे थे। क्यों न हम दोनों उन्हें मार दें तब उनका भी हिस्सा हम दोनों में बँट जाएगा। दोस्त मिठाई ले कर आए, तो दूसरा दोस्त ने कहा . पहले तुम दोनों मुँह –हाथ धो कर आओ फिर मिल कर आपस में मिठाई खा लेंगे। दोनो दोस्त जब हाथ पैर धोने के लिए कुँआ के पास गए, तब दूसरे दोस्त ने उन्हें धक्का मार दिया। दोनों कुँआ में गिर गए और डूबने लगे। उन्हें तैरना नहीं आता था अत:डूब कर मर गए।

अब दोस्तों ने सोचा क्यों न अब आराम से मिठाई खाएँगे। कह कर दोनों दोस्त मिठाई खाने लगे। थोड़े ही देर में उन्हें खून की उल्टी होने लगी और वहीं पर निढाल हो गिर गए और उनके भी प्राण पखेरू उड़ गए। जैसी करनी वैसी भरनी। जो बोओगे वही काटोगे।

बेड़ियाँ

इस जगत की नारी होती सब पर भारी, फिर भी जग की प्यारी नहीं हो पाती। तभी तो आज नारी का जीवन घनघोर तिमिर में घिरा पड़ा है। चाहती रोड़े राह से हटा ले, लेकिन समाज के ज़ंजीरों से इस कदर जकड़ी है कि अपने को उबार नही पाती। आज ऐसी बेबस नारी की कथा है। मीरा, जो बचपन से ऊँची उड़ान भरना चाहती थी, पर गरीबी ने कमर तोड़ दी पिता की, और एक दिन पिता अपनी पत्नी और दो पुत्री को छोड़ दुनिया से चल बसे।

अब मीरा को तो चारों ओर अंधेरा ही अंधेरा नज़र आने लगा। पढ़ाई करना चाहती परंतु साधन नहीं थे। पिता ने छोटी उम्र में विवाह के बंधन में बांध दिया था। न अच्छी शिक्षा मिली और न ख़्वाब में ही सही, ऊँची उड़ान भर पाई।

एक दिन उदास हो सुनी सड़क पर अकेली चलती जा रही थी, राह कैसे कटे उधेड़ बुन में बढ़ती जा रही थी, तभी उसने अपनी रस्मों को ताक पर रखने की ठानी।

घर आ अपने हाथों की बेड़ियाँ हरी चूड़ियाँ उतार फेंकी। उसे लगा मेरी बेड़ियाँ टूट गई। रस्में निभाएगी, परंतु इच्छा को हलाल नहीं करेगी। सासु माँ से आगे पढ़ने की ज़िक्र कर डाली। सासु माँ आज के जमाने की थी। उन्होंने बेटी सी बहु को अपनी इच्छा सुनाई। कहा . क्यों नही कॉलेज में दाख़िला लेती हो ?आज मेरा बेटा मनु आएगा, मैं उससे ज़िक्र करूँगी। तुम्हारे घर की भी स्थिति ठीक नहीं है, बहन की शादी भी है। ऐसी हालत में यदि तुम्हारी इच्छा पढ़ाई को आगे बढ़ाने की है, तो मैं आज मनु बेटा से ज़िक्र करूँगी।

पढ़ना चाहती हो, अति उत्तम विचार होगा।

मीरा सोच ही नहीं पाई कि सासु माँ ऐसी भी होती है। उसे तो ससुराल की, सास, ननद, देवर के रूप ही कुछ और दिखाए गए थे, लेकिन यहाँ तो माजरा ही कुछ और था। समझ नही पा रही थी कि हक़ीक़त है या ख़्वाब।

शाम को मनोज के घर आते ही सासु माँ ने बातें छेड़ दी, और अति शीघ्र मीरा के कॉलेज में दाख़िला हो जानी चाहिए, कह चली गई वहाँ से। माँ ने बेटे को आदेश के स्वर में बोला, उठ कर रसोई में चाय बनाने चली गई। इधर मीरा आश्चर्य से अपने पति को निहारती रही। हाथ में कलम किताब थाम लिया, हाथ पैर के ज़ंजीरों को तोड़ डाला। समाज से बग़ावत नहीं की। प्यार मोहब्बत से मामला निबटा लिया। तो इतना कहती हूँ, नारी हिम्मत हौसला रखे, उड़ान भरने के लिए नीला आसमान सुना पड़ा है। चाँद सितारे तोड़ लेने की बारी आई। जाओ, अपनी मुराद पूरा करो।

सासु माँ ने कहा ..बेटी हरी चूड़ियाँ हाथ में डाल लो। जीवन हरियाली से भर जाएगा। बेड़ी नहीं रक्षक है तुम्हारा। अपनी रक्षा के लिए ये तुम्हारा औज़ार है।

मीरा के जीवन में अब हरियाली ही हरियाली छाने लगी। उसके भाव ही बदल गए। जिसे बेड़ी समझी वो उसका रक्षक बना। हिम्मत बढ़ गई और चूड़ियाँ हाथों में डल गई।

रीतियाँ बेड़ी न समझे, जीवन के अनेक राह पर साथ देती है। मीरा ने अपनी सोच बदल चूड़ियाँ हाथ में डाल ली। उसके जीवन का रुख ही बदल गया। चारों ओर ख़ुशियाँ ही ख़ुशियाँ नज़र आने लगी।

अच्छी सोच

मीरा छोटे से गाँव की रहने वाली, छोटी सी बच्ची। परंतु पेड़ पौधों से प्यार बहुत था। पिता किसान थे। खेत पर काम करते शाम को घर लौटते। घर के बाहर बगीचा में दादा जी ने बरगद की पेड़ लगाई थी। आज दादा जी नहीं रहे, लेकिन उनकी याद में ये बरगद पेड़, हमेशा याद दिलाती है। हम सभी बच्चे मिल कर पेड़ के इर्द–गिर्द ही खेला करते थे। छुपा–छुपाई तो उस पेड़ के नीचे बड़ा मजा आता था।

एक दिन अचानक मीरा अपने सहेलियों संग खेल रही थी की अचानक एक आदमी पर नज़र पड़ा। देखा, मुखिया का आदमी हाथ में कुल्हाड़ी लिए चला आ रहा है। मीरा आश्चर्य से देख रही थी कि आख़िर ये आदमी कहाँ से आया और कहाँ जा रहा है। देखा हाथ में कुल्हाड़ी लिए पेड़ के क़रीब आ रहा था। मीरा ने डबडबाई आँखों से देखा, वो आदमी सीधे पेड़ की ओर बढ़ रहा था। हिम्मत कर मीरा ने वृक्ष की रक्षा हेतु अपनी नन्हे से दो बाँहें फैला वृक्ष की कटाई करने के लिए रोकना चाहा।

मीरा ने कहा .. काका ये वृक्ष काटने नहीं दूँगी। ये मेरे दद्दा की आख़िरी निशानी है। मैं जान दे दूँगी परंतु आपको पेड़ नहीं काटने दूँगी। कह मीरा अपने दोनो बाँहें फैला, खड़ी हो गई। पेड़ से लिपट कर रोने लगी। कुछ देर में वो मुखिया का आदमी मीरा को समझाना चाहा, कि आख़िर क्यों पेड़ काटना चाह रहा था। उसने मीरा को समझाया कि यहाँ से पक्की सड़क निकाली जाएगी। गाँव में पक्की सड़क का निर्माण होगा। सड़क बन जाने से पगडंडी ख़त्म हो जाएगी और गाँव पक्की सड़क से जुड़ जाएगी।

मीरा ने काका को समझाया काका आपको नहीं मालूम है क्या कि पेड़ काटना माना है। पेड़ से आक्सीजन मिलता है। राहगीरों को विश्राम का जगह पेड़ के छाया तले ही मिलता है। ये पेड़ हमारे लिए बहुत उपयोगी है। इसे मत काटो काका। ये हम सब की जान है। पेड़ लगाओ पेड़ बचाओ काका। ऐसा मत करो। मीरा गिड़गिड़ाने लगी। काका को भी बातें समझ में आई। एक छोटी सी बच्ची को समझदारी है फिर मैं क्यूँ पेड़ काटूँ, और उसने अपनी इरादा बदल दी। वहाँ से चले गए। मीरा बहुत खुश हुई। पेड़ न काटें, पेड़ बचाएँ, पेड़ लगाएँ।

बग़ैर

गीता एक छोटे से गाँव की अल्हड़ बाला, अपने माता पिता के साथ छोटे से क़स्बे में रहती थी। पिता ने गीता की शादी रमेश नाम के लड़के से कच्ची उम्र में ही कर दिया। गीता ससुराल चली गई। जहाँ तन–मन से सभी की सेवा करती। दिन भर घर के काम में व्यस्त रहती। शाम को पति काम से लौटते तब उनकी देख रेख में लग जाती। कभी उफ़्फ़ न करती, बिना अपनी परवाह के सेवा में लगी रहती।

एक दिन गीता ने बड़े मस्ती में पति से कहा मैं मायके जाऊँगी, तो आप क्या मेरे बग़ैर रह जाएँगें? पति ने कहा हाँ हाँ मैं तुम्हारे बग़ैर मस्ती में रहूँगा। गीता को पति रमेश की बातें अच्छी नहीं लगी, फिर भी बिना कुछ कहे पति से आज्ञा ले अपने मायके जाने की तैयारी करने लगी। मन तो पति के बातों से थोड़ा आहत था।

फिर मायके के लिए निकल पड़ी। सोचते –सोचते चली जा रही थी कि पीछे से एक गाड़ी आ कर धक्का मार दिया। गीता गिर गई और अचेत हो गई। कुछ भयानक चोट लगी, ऐसा ही लग रहा। निढाल अचेत शरीर सड़क के किनारे पड़ा था। पति रमेश को खबर मिली। दौड़ा भागा आया और पत्नी के शरीर से लिपट कर चिल्ला पड़ा . गीता तुम्हारे बग़ैर मैं नहीं रह सकता। जब गीता को होश आया, देखा पति सिरहाने बैठे सुबक रहे थेगीता मेरी जान लौट आओ, तुम्हारे बैगैर मैं जी नहीं सकता। थोड़ी देर बाद गीता को होश आया। आँखें खोल पति को देखा। मुस्कुराते हुए आँखें बंद कर ली।

रोटी

एक रोटी ..... माँ सिर्फ़ एक रोटी चाहती हूँ। माँ दे दो न ..भूख ज़ोर की लगी है। माँ ने कहा.... ज़िद्द न कर। भाई आएगा, अभी परीक्षा का दिन है। ज्यादा अच्छे से खाएगा तो पढ़ाई अच्छा करेगा। तू लड़की है, वो लड़का है दो रोटी ज्यादा खाएगा। तुम बेटी हो थोड़े में संतोष करो। रीता माँ की ओर देखती रही, ऐसा भी होता है। माँ बेटी को कम बेटा को ज्यादा दे क्यूँकि वो लड़का है। मैं क्या कम हूँ।

मैं भी लड़कों जैसा कपड़ा पहनूँगी। बाहर जा कर पढ़ूँगी, और एक ऊँचे ओहदा पर बैठ लड़का लड़की का फ़र्क़ मिटा दूँगी। रीता की भावना को बड़ी ठेस लगी। ज़िद्द ठान ली ... मैं भाई से आगे निकल दिखाऊँगी। दोनो भाई बहन एक क्लास में थे। परीक्षा दोनो ने दी थी। रिज़ल्ट का दिन था। रीता क्लास में प्रथम आई बेटा फेल। भाई की असफलता पर निराशा हुई। रीता ने माँ से कहा , बेटा बेटी में फ़र्क़ मत करो। बेटा की तरह बेटी के सर पर हाथ बराबर की रखनी चाहिए।

समाज के इन कुरीति को दूर करना चाहिए। लगन सिद्दत से जो काम करें, मार्ग प्रशस्त खुद-ब-खुद होता जाता है।

आत्मविश्वास

रीमा सदा प्रथम श्रेणी में रहने वाली, अवल दर्ज़े की विद्यार्थी थी। पढ़ाई समाप्त कर सरकारी ऑफ़िसर बनना चाहती थी। कैसे अपना नाम उस सूची में डालूँ। जहाँ जाती इंटर व्यू के लिए, पास हो जाने पर भी पैसो की माँग। करे तो क्या करे। घर की आर्थिक स्थिति भी इतनी अच्छी नही थी कि खर्च कर पाए।

ससुराल में रहती थी। पति दो महीने की नन्ही गोद में दे, अचानक मृत्यु को गले लगा लिया। कैंसर जैसी भयावह बीमारी के जो शिकार थे। अब क्या होगा इस बेचारी रीमा का। ससुराल वालों, उसे प्रताड़ित करते रहे। ससुराल वाले से बड़ी मिन्नते माँगी , पर ज़िल्लत उठानी पड़ी। किसी ने उसकी एक न सुनी, घर से निकाल दिया। रोती बिलखती सोचती कहाँ जाऊँ, पति के बिना जीना कितना मुश्किल हैं। इसी ऊहापोह में उलझी चली जा रही थी कि ज़िंदगी ही ख़त्म कर दूँ। पहाड़ सी ज़िंदगी, दो महीने की नन्ही , नदी में कूद ज़िंदगी ख़त्म करने की ठानी। जब नन्ही की रोने की आवाज़ कानो को भेदती, निरीह आँखों से नन्ही को निहारती रहती। तभी किसी ने आवाज़ लगाई ...., अरी मेरे घर झाड़ू पोछा करेगी? देखा .... हामी भर दी।

लाचार रीमा बड़ी शिद्दत से कामों में जुड़ी रहती। अपने साथ कुछ पुस्तकें भी साथ लाई थी। ख़ाली समय निकाल कुछ पढ़ लेती। कुछ पैसे जमा कर सोचा क्यूँ न सिविल सर्विस की परीक्षा दे दूँ। मेहनत से दिन में घर की कम करती, रात को पढ़ाई करती।

भगवान ने उसकी पुकार सुन ली मेहनत का फल मीठा होता है। परीक्षा में उत्तीर्ण हुई। अब फिर वही समस्या , करूँ तो क्या करूँ। इस बार सामना करना ही पड़ेगा। आत्मविश्वास अटल थी। प्रथम श्रेणी से उत्तीर्ण। विश्वास नही खोया। मंज़िल मिल ही गई। आज वह सरकारी अफ़सर बन ही गई। फिर क्या था मानो एक साथ सारी विपदाएँ थम सी गई और ज़िंदगी के काले बादल छँट गए।

आज घर के मालिक का बेटा, उसे रीमा के साथ बड़ी हमदर्दी थी। उसने अपनी माँ से कहा, ... मै रीमा से विवाह करना चाहता हूँ। शुरू दिन से मुझे बहुत संस्कारी, सुसंस्कृत लगती है। माँ को अच्छा नहीं लगा ... बेटा ऐसा नहीं कर सकता। पर बेटा की ज़िद्द के सामने माँ को झुकना ही पड़ा। अब रीमा की शादी हो गई। उसी घर में अब वह मलाकिन बन गई।

जहां चाह वहाँ राह। बस आत्मविश्वास को टूटने न देना। मंज़िल पास है।

गुड़िया रानी

गुड़िया खेलती दौड़ती कब बड़ी हो गई, माता पिता को पता ही नही चला। बिटिया की पढ़ाई भी समाप्त हो गई। अब उसके हाथ पीले करने का समय आ गया। एक लड़के की तलाश में इधर उधर भटकने लगे। एक दिन सफलता मिल ही गई। सुंदर अच्छी नौकरी सरकारी में कार्यरत, सहज स्वभाव वाला, समृद्ध परिवार में गुड़िया की शादी हो गई।

बिटिया की डोली ससुराल पहुँच गई। घर के सारे लोग ख़ुश थे। पति भी सुंदर सुशील सुसंस्कृत लड़की से विवाह कर आपने को भाग्यवान मानने लगा। समय अपनी रफ़्तार में बदलती रही। दो नन्हे परियों का आगमन हुआ। किलकारी से घर गूंज उठा। सामान्य रूप से पटरी पर गाड़ी दौड़ती रही, एक दिन भूचाल आ गया।

हुआ क्या दौड़ती गुड़िया अंदर गई देखा पति ज़मीन पर गिरे पड़े थे। अब क्या था घबड़ाहट के मारे बेचारी परेशान होने लगी। कैसे अकेली डॉक्टर के पास ले जाऊँ। किसी तरह पास पड़ोस की मदद से अस्पताल पहुँचाए। दो चार दिन के बाद छुट्टी मिल गई। गुड़िया पति को वापस घर ले आई। रात दिन सेवा सुश्रुषा कर पति को खड़ा कर लिया। बड़ी हँसी ख़ुशी से दिन बीतने लग़े। पति ने अपनी क़िस्मत की सराहना करता, मैं कितना भाग्यवान हूँ जो इतनी अच्छी पत्नी मिली है। सभी की देख-रेख करती पर वही बात अपने बारे सोचने की फ़ुर्सत ही कहा थी। पति ने सोचा क्यूँ न हम दोनो मिल घर को संभल ले। घर के कामों में हाथ बटाने लगा। अब गुड़िया की ज़िंदगी सुधर गई। एकजुट हो हर कामों को सरल बना निभाती गई।

सरल स्वभाव से हर काम को सहेज लें तो ज़िंदगी आसन हो जाती है।

क़ालेज की छुट्टी

रमा की कालेज की छुट्टियाँ हो गई। अचानक देश में कोरोना वाइरस का हंगामा शुरू हो गया। आनन फ़ानन में घर की ओर कूच करना पड़ा। सोचा तो था ....जाऊँगी माँ पापा भाई बहनों के साथ खूब मस्ती करूँगी।

अचानक घर पहुँची, माँ ने पूछा, क्या कालेज बंद हो गई? नाहीं-नहीं अम्मा कोरोना वाइरस का प्रकोप पूरी दुनिया पर छा गया है। घरों में रहना, दो गज की दूरी और हाथ हमेशा साफ़ करते रहना। यही है कोरोना से बचे रहने का उपाय। इसी वजह सभी की छुट्टियाँ हो गई है।

बहुत दिनो बाद घर में सभी के साथ बड़ी हँसी ख़ुशी दिन बीत रहे थे। एक दिन पापा की तबियत बहुत खरब जो गई। अस्पताल किस तरह ज़ाया जाए ... फिर भी अस्पताल ले जाना था। ऐम्ब्युलेंन्स आया, ले अस्पताल गई। फिर क्या था, अस्पताल तो मानो जेल बन गया। किसी से मिलना नही। अकेले पापा अपने बिस्तर पर समय काटा करते। एक दिन फ़ोन की घंटी टनटनाई .... उठाया तो सन रह गई। ये कैसा कहर, पापा की साँसें उखड़ने लगी। हम सभी ईश्वर की प्रार्थना में लीन रहने लगे। इसके सिवा कुछ न समझ पा रही थी रमा, क्या करे क्या न करे।

सभी के होश उड़े-उड़े से थे। एक बार फिर फ़ोन की घंटी टनटनाई .... पता चला पापा जी की तबियत में सुधार आई। कुछ राहत मिली लेकिन कुछ दिनो बाद पता चला, उन्हें जल्द छुट्टी भी मिल जाएगी क्योंकि पापा कोरोना की जंग जीत चुके हैं।

हम सब बहुत खुश थे। ऐंबुलेंस आया .. पापा घर आ आए। पास पड़ोस के लोगों ने पापा की स्वागत , ज़ोरदार ताली बजा कर हौसला खूब बढ़ाया।

करमवीर

ठंड की ठिठुरन में बर्फ़ की बिस्तर बिछाए , ये जवान अपनी नई नवेली दुल्हन को छोड़ सरहद की ओर कूच करते है। प्रहरी बन तैनात हम सब की रक्षा करने वाले वीर जवान को शत–शत नमन है। ऐसे ही एक जवान की गाथा है।

बड़ी मुश्किल से बेटा की शादी की थी बूढ़ी अम्मा ने। सरहद पर तैनात सिपाहियों को छुट्टियाँ कहाँ? जो घर आ जाए। शादी तो हुई पर दूसरे ही दिन सरहद पर जंग का बुलावा आ गया। पत्नी मीरा की सुरत भी न देखी कि छोड़ सरहद पर आना पड़ा। कितना रोई होगी नई नवेली दुल्हन। पर लाचार मन को बहुत समझाया देश की रक्षा करने वाले वीर जवान की पत्नी हूँ। सर तान कर पति को भेजना होगा, और हुआ भी वही ही। दिल पर पत्थर रख पत्नी ने पति को बिदा किया। माँ कलेजे के टुकड़ा को, मूक बनी दृष्टि से विदा कर जाते हुए टकटकी लगाये रही।

बेटा जंग जितने की लालसा लिए, घर से सब को छोड़ सरहद की तरफ़ बढ़ गया। युद्ध छिड़ चुका था। जंग के समय समाचार भी कुछ नहीं मिलती। कहाँ हैं, किस हालत में होंगे। यही ऊहापोह में उलझी न जाने कैसे दिन बीतते गए।

एक दिन काला बादल रीमा के जिंदगी कहर ला दिया।

समाचार आई ... बेटा शाहिद हो गया।

पहले माँ पत्नी की चीत्कार से एक क्षण लगा पैर तले धरती घिसट गई। फिर शहीद की माँ, शहीद की पत्नी बनी है, फक्र से सर ऊँचा करने का हिम्मत बाँध रही मीरा और अम्मा। ये सब बर्दाश्त करना कितना मुश्किल है ये तो शहीद की पत्नी ही बता सकती है।

बस तिरंगे में लिपटा पति का शव ही देखा। बातें तो जी भर हो ही नहीं पाई। अपनी डबडबाई आँखों से निहारती रह गई मीरा।

समाज की कुरीति

आज समाज में लड़कियों का शोषण खुले आम चल रहा है। ऐसा कोई क़ानून नही बन रहा कि शोषणकारियों के दिलो में डर पैदा कर सके।

कैसी विडम्बना है कि दुर्व्यवहार का शिकार हुए बालिकाएँ, युवतियाँ अगर अकस्मात् माँ बन जायें तो वह शर्म से घिर अपने बच्चे को कँटीली झाड़, बहते नाले में फेंक अपनी इज्जत बचाने की कोशिश करती। क्यूँकि समाज ऐसे बच्चों को दर्जा ही नहीं देती। समाज के ज़ुल्म का शिकार युवतियों को कभी कभी आत्महत्या करने पर भी मजबूरी हो जाती है। पर उस दूध मुँहे बच्चे की क्या ग़लती। हाय रे इसकी माँ कौन? कैसे बिलखते बच्चे को फ़ेक दिया। बच्चा रो रहा है तमाशबीन उल्टी सीधी बातों में लीन लोग, पर किसी की हिम्मत नहीं उस बच्चे को उठा ले। यही तो समाज की विडम्बना है। बहती नाली, ठंड, बच्चा मुँह छिपाए बिलख रहा।

कभी कभी तो बेटियों के सामाजिक ज़ुल्म को सोच कर भी परिवार इस ओर कदम उठाने को मजबूर करता है। बेटी है तो फेंक दो, बेटा ही चाहिए। पर ये नहीं सोचते माँ भी तो बेटी थी। आज की दौड़ में बेटा बेटी का बराबर का दर्जा है। फिर भी समाज से ये कुरीति कब दूर होगी?

कभी कभी रिश्ता अपनी पसंद से बनाए जाते हैं। पर अकस्मात् गर्भवती हुई तो कोख में दफ़न कर या बच्चे को इसी तरह झाड़ी में या गंदे बहते नाली में फेंक दिए जाता हैं। पर लोग यह नहीं सोचते उसकी क्या गलती है। उसे भी जीने का अधिकार है। पर नासमझ हो ग़लत कदम उठा लेते, इसका हरजाना नन्हे जान को भुगतनी पड़ती है।

सरकार का ध्यान क्यूँ नही उस ओर जाता? कब तक ये क्रम चलता रहेगा। माँ का ममत्व क्यूँ मुँह मोड़ लेता है। ये ध्यान देने की बात है। बहुत से रास्ते है। कितने अनाथ आश्रम है, ट्रस्ट है जहाँ ऐसे बच्चे की देख रेख होती है बिना नाम बताए। तो ऐसी गलती नहीं करे। दुध मुँहे बच्चे के साथ अन्याय न करे। समाज अपनी सोच बदले और इन कुरीतियों पर ध्यान दें।

मानवता

ईश्वर ने प्राणी को सर्व श्रेष्ठ बनाया है। मानव अपनी हर अभिव्यक्ति को दर्शा सकता है। क्यूँकि मानव के पास भगवान ने बुद्धि दी है। सोचने मनन करने की शक्ति दी है।

मानवता का अर्थ ही है इंसानियत, दया, मानव स्वभाव, भले मानस का गुण, मनुष्यत्व होता है। जब हम पशु पक्षी पर दया का भाव दिखाते है, उसे मानवता कहते है। दूसरों की मदद करना, असहाय को शरण देना, भूखे को खाना खिलाना, सड़क दुर्घटना से ग्रसित लोग, और भी अनेक ऐसी तरह से मदद करना ही मानवता है। भगवान ने मनुष्य को धरती पर भेजा ही इसीलिए कि वो दूसरों की मदद कर सके। हमें अपने अनमोल जीवन का पूरा उपयोग करना चाहिए।

हमें समाज में प्रेम का संदेश देना ही मानवता है। जाति लिंग भेद, भाषा के आधार पर भेदभाव नहीं करनी चाहिए। दूसरों से सदा क्षमा भाव रखनी चाहिए , यही मानवता कहलाती है।

मानवता तो आज के युग में शर्मसार होता जा रहा है। छोटी छोटी बच्चियाँ, युवतियों का बलात्कार दिनोंदिन बड़ता जा रहा है। ये मानवता के ख़िलाफ़ है। लेकिन मानवता भूलते जा रहे है इंसान, तभी तो ऐसी समाज में कुरीतियाँ बढ़ती जा रही।

कहीं धर्म को ले कर मानवता पर आघात होता है। कही जानवरो के साथ बेरहमी, कहीं पक्षियों पर बेदर्दी। मानव के ऐसा स्वभाव, मानवता ख़िलाफ़ है।

आज समाज के प्रत्येक नागरिकों का धर्म होना चाहिए वह दूसरों के प्रति प्रेम सद्भावना, करुणा, दया की भावना में इंसान को डूबना होगा, तभी मानवता की परिभाषा सार्थक होगी। मानव धर्म यही होगा।

भूख

चार दिन का भूखा मुन्ना। माँ बीमार है। बिस्तर से उठ नहीं पाती। ऐसे में खाना कहाँ से आए।

मुन्ना देखा, सामने बड़ी–बड़ी गाड़ियाँ लगी है। चारों ओर रंगबिरंगे रोशनी चमक रही है। चल कर देखता हूँ क्या है .। .. मुन्ना दौड़ पड़ा। देखा तो चकित रह गया। यहाँ तो बड़ी अच्छी –अच्छी खाने की चीजें रखी है। पर फटे पुराने कपड़े देख, लोग समझ जाते कि ये कोई बाहर वाला ही है। डाँट फटकार कर बाहर निकाल देते। मुन्ना चार दिनों से भूखा था। मुन्ना की नजर खाने की चीजों पर टिक गई। देखा लोग खा प्लेट बड़े से टब में डाल रहे थे। मुन्ना सोचा क्यूँ न डब्बे से ही खाना बटोर लूँ। सोच खड़े –खड़े पेट भर खा भी लिया और माँ के लिए भी ढेरों खाना बटोर माँ के पास भगा।

ख़ुशी के मारे मुन्ना चिल्ला रहा था। देख माँ तेरे लिए तरह–तरह के पकवान लाया हूँ। उठ खा ले। दो तीन बार आवाज़ लगाई परंतु माँ की ओर से जबाब नहीं पाकर मुन्ना घबरा गया। देखा माँ जबाब क्यूँ नही देती? माँ को निढाल पड़ा देख चिल्ला पड़ा। फूट–फूट कर रोता रहा, परंतु उसे सुनने के लिए माँ, कब के इस दुनिया से अलविदा कर चुकी थी। फिर भी मुन्ना चिल्लाया, उठ न माँ देख मैं तेरे लिए क्या लाया हूँ। माँ की साँस तो कब की उखड़ चुकी थी। आँखें पथरा गई थी। मुन्ना रोते रोते थक गया। कब आँखें लग गई पता नही, वहीं ज़मीन पर सो गया। जब आँखें खुली, देखा चार पाँच कुत्ते, सारे खाना को चट कर गए। निरीह आँखों से मुन्ना निहारता रहा।

ये समाज की कैसी विडम्बना है।

गाँव की बहु

गीता ससुराल से अभी अभी आई ही, कि गाँव वाले की भीड़ लग गई। क्यूँ न हो गाँव में ऐसा ही होता है जब भी बिटिया या नई बहू आती है तो गाँव वाले दौड़ पड़ते हैं। यहाँ दीदी आई है।

आते ही सभी घर वाले प्रश्नों की झड़ी लगा दी। सास कैसी है, ससुर कैसे हैं, ननद – देवर सभी तो अच्छे ब्यवहार करते न। गीता हँसते हुए जवाब देती ..., अरे हाँ बाबा हाँ। सभी मुझे बहुत प्यार करते। सासु माँ तो पूछो मत। सारे समय मेरी ही चिंता करती ... नई बहू खाई की नहीं, नहाई की नहीं। अन्य बातों में भी मेरी ही चिंता करती।

अम्मा को तो मानो राहत की साँस मिली। क्यूँ न ले .. बिटिया की शादी नहीं हो पा रही थी। गीता चार फ़िट की थी। बाक़ी के दो भाई दो बहन की शादी हो गई थी। इसकी छोटी कद काठी कारण शादी कट जाती थी। पंडित ने लड़के का पता बताया पर उम्र थोड़ी लड़की से ज्यादा थी। छः फ़िट लम्बा लड़का, कैसे चार फ़िट को पसंद करे। पर लड़का को सुसंस्कृत लड़की की तलाश थी। गीता की स्वभाव की चर्चा गाँव में खूब थी। लड़का खुद ही शादी की प्रस्ताव रख (होने वाले) ससुर जी से गीता का हाथ माँग बैठा। घर में ख़ुशी का महोल छा गया। लड़का सरकारी नौकरी में कार्यरत था। शादी हो गई। शादी के बाद पहली बार गीता मायके आई है। सास ननद की तारीफ़ करते नहीं थकती। गीता ने अम्मा को बताया की सास ने अपनी नई बहु को इतना प्यार करती की पहले से ही प्लेटफार्म को ऊँची कर दी थीं। बाक़ी कामो के लिए हर जगह सुंदर उपाय कर दिए। गीता भी पति के साथ बहुत ख़ुश थी।

लम्बाई या सुंदरता की जगह नहीं होनी चाहिए संस्कार ही सर्वोपरि है। गीता के रूप में उदाहरण है।

दृढ़ संकल्प

मैं भी पढ़ना चाहती हूँ। मैं क्यूँ नहीं पढ़ सकती माँ। क्या मैं स्कूल नहीं जा सकती। पर क्यूँ माँ .... ज़िद्द पर अड़ी नीता माँ से चीख चीख कर कह रही थी। माँ समझाने की कोशिश कर रही थी। हम लोग गरीब है, मेरे पास इतने पैसे नही है कि स्कूल में दाख़िला दिला सकूँ। दिन भर नीता की माँ बर्तन माँजती और पोछा करती, जितने पैसे मिलते उससे गुज़ारा चल जाता। पिता नीता को छोटी उम्र में ही छोड़ चले गए। पिता शराबी होने के कारण अकसर माँ के साथ ग़लत व्यवहार करते, चीखते चिल्लाते, कभी कभार मार पिटाई भी करते। तंग आ माँ घर छोड़, गोद में बेटी नीता को लिए निकल पड़ी। किसी के घर में काम कर गुज़ारा करती। अब बेटी को, कहाँ से स्कूल भेज पाती। लेकिन नीता की ज़िद्द थी। बेटी अब समझ पाए तब न। नीता सो गई। दिन भर की थकी माँ भी सो गई।

सबेरा हुआ फिर वही दौड़ शुरू हो गया। दिन बीतते गए नीता भी सायनी हो गई। अब माँ बेटी की हाथ पिला करने की सोच में डूबी रहती। कैसे एक सही सुलझा हुआ वर का चयन करे। किसी तरह नीता ने ही अपने लिए लड़का की खोज में निकल पड़ी।

देखने में नीता बेहद खूबसूरत अदब वाली लड़की थी। बस सार्थक जीवन जीने की एक ही लालसा थी, अच्छी सरल सुलझी हुई ज़िंदगी जीने की। पढ़-लिख कर अपने पैरो पर खड़ा हो। माँ की तरह दूसरों की मुहताज नहीं होना है। लड़का ने नीता की बात मान ली और दोनो की शादी हो गई। नीता ससुराल चली गई। माँ की लाड़ली, जिसके बिना माँ न जी सकती न खा सकती। आज अकेले क्या करेगी। यही उलझन में बैठी उदास मन सोच रही थी।

नीता का फ़ोन टनटनाया। ख़ुशी से फुले नही समा रही थी। माँ आज मेरी दाख़िला स्कूल में हो गई... अब मैं भी स्कूल जाऊँगी।

माँ ने लम्बी साँस लेते हुए राहत की साँस ली। भगवान की लाख लाख शुक्र है, बेटी की भगवान ने सुन ली कामना पूरी हुई नीता की।

दृढ़ प्रतिज्ञा पर अडिग रहना , ज़िंदगी का उद्देश्य यदि रखे, मंज़िल दूर नहीं।

जंग जीत गई

रीता माँ की दुलारी, बहुत प्यारी माँ की लाडो। माँ एक पल भी बेटी को देखे बिना नहीं रह पाती थी। रीता इक्कीस साल की हो गई। माँ को बेटी के लिए एक सुशील शिक्षित वर की तलाश थी। किसी तरह ढूँढते–ढूँढते एक सरकारी आफ़िसर लड़का मिला। पिता ने देखा अच्छा घर वर है किसी तरह शादी तय हो जाए तो बेटी की किस्मत तर जाएगी। यह सोच रीता के पिता लड़का वाले के घर पहुँचे। शादी की बातें तय हुई पर लड़के वालों की माँग थी कि पाँच लाख रुपए दे दे, रिश्ता तय हो जाएगा। पिता ने बहुत सोच विचार के पश्चात सोचा कर्ज ले लूँगा, बिटिया की शादी हो जाएगी। कर्ज तो उतार लेंगे।

लड़का वाले लड़की देखने रीता के घर आए। लड़की उन्हें बहुत पसंद आई। लेकिन एक ही ज़िद्द थी दहेज के पाँच लाख रुपए। पिता ने अपनी औक़ात से ज्यादा माँग स्वीकार ली। शादी पक्की हो गई। पिता ने बेटी की शादी की तैयारी में जुट गए। लोन देने वाले पर भरोसा कर पिता ने शादी की तैयारी शुरू कर दी, पैसे तो मिल ही जाएँगे। आश्वासन मिला था कि शादी की तैयारी करे इंतज़ाम हो जाएगा। शादी के दिन निकट आ गए। रीता के पिता को अंत समय में सिर्फ़ एक लाख रुपया ही जुगाड़ हो पा रहे थे। पिता ने सोचा शादी हो जाएगी फिर बाद में धीरे धीरे पाँच लाख की राशि चुकता कर दूँगा।

बारात आ गई। धूम धाम से शादी की रीत रिवाज के साथ पंडित जी की मंत्र गूंज रही थी। सिंदूर दान का समय आ गया। लड़का पक्ष के पिता ने लड़की के पिता को याद दिलाई कि पैसे पाँच लाख आप दे दें। लड़का के पिता ने कहा .... पहले पाँच लाख रुपए दीजिए तभी सिंदूर दान होगा। पिता ने एक लाख देते हुए कहा ..... मुझे माफ़ कर दे .... पैसों की इंतज़ाम अभी नहीं हो पाई। पर मैं दे दूँगा धीरे धीरे इंतज़ाम हो जाएगी। अभी कोरोना काल है, इसी कारण लोन में थोड़ी व्यवधान आ गई। हाथ जोड़ते हुए कहा। पर लड़का वाला नहीं माने। बेटा का हाथ पकड़ जाने लगा कहा ... जब पैसे हो जाएँगे तभी आइएगा। रीता के पिता ने बड़ी मिन्नतें की पर लड़का पक्ष नहीं माना। पिता ने हाथ जोड़ बहुत गिड़गिड़ाये, पर एक न सुनवाई हुई। किसी ने रीता के पिता को धक्का मार दिया ...., . किसी ने एक थप्पड़ खींच कर मारा, जिससे पिता दूर फ़र्श पर जा गिरे।

रीता दूर बैठे सब निहार रही थी। सोचा ..... जब पिता जी हाथ जोड़े लड़का के पिता से गिड़गिड़ा रहे थे तब रीता ने देख लिया। जब पिता लड़खड़ा कर भूमि पर जा गिरे, तभी रीता ने सोच लिया, शादी नहीं करनी है। रीता ने पिता का हाथ थाम गले से माला उतार फेंका, और पिता जी

को सिर झुकाने से मना करते हुए बोली.... मुझे शादी नहीं करनी है। कह गला से माला उतार फेंकी। बारात वापस चली गई।

बेटी के हाथ पिला होते–होते रुक गया इसका दु ःख पिता माता को था। पर रीता ने सोचा मेरी ये जीत है। लड़का वाला को ख़ाली हाथ वापस भेज, अपनी जीत हासिल की।

पर माता पिता का सपना ही टूट गया .... बिटिया की हाथ पीले नहीं कर पाए। लेकिन रीता ने अपनी ज़िद्द से जंग जीत ली।

नेक इंसान

एक बार एक छोटी सी लड़की, जिसका नाम गीता ने रखा चाँद। गीता, उसी ट्रेन से यात्रा कर रही थी। बच्ची के कपड़े फटे पुराने, नीचे ज़मीन पर दुबक कर बैठी थी। जब ट्रेन चल पड़ी, बच्ची ने एक गाना शुरू किया। गाना समाप्त हुई तब एक यात्री गीता, उसे अपने पास बुलाया। बड़े प्यार से कुछ खाने को दिया और पास ही बिठा लिया। नाम पता पूछा। बच्ची रोते हुए बताई, न उसका कोई घर है, न माँ बाप। गाना गा दो चार पैसे मिलते उसी में कुछ खा लेती और फुटपाथ पर सो जाती। कई भेड़ियों की नज़र भी पड़ती पर बच्ची लाचार थी। बड़े भावुक मन से कहानी बता दिया।

गीता, उसे अपने साथ अपने घर ले गई। वहाँ बच्ची का नाम रखा चाँद। चाँद सा मुखड़ा पर दाग लगा। अच्छे-अच्छे कपड़े, अच्छा खाना दिया। ऐसे चीजें चाँद ने कभी देखा हीनहीं। गीता को अम्मा कह बुलाती। गीता को भगवान का रूप मानती। गीता, उसे संगीत की अच्छी शिक्षा दी। पढ़ाई में भी अव्वल रही। परंतु संगीत में चाँद का प्राण था। उसने मन से संगीत की तालीम ली, और संगीत की धूम मचा दी। आज चाँद गायिका के रूप में खूब उभर कर आ रही थी।

नेक दिल इंसान हो तो समाज में कुरीति और भ्रष्टाचार से बच लड़कियाँ चाँद जैसी, पैरों पर खड़ी हो सकतीं हैं। थोड़ी सी मदद की ज़रूरत होती है। गीता जैसे नेक दिल इंसान समाज को बदल सकते हैं।

इंतज़ार

इंतज़ार, इंतज़ार, इंतज़ार ...कितना इंतज़ार और करूँ .... लगता नहीं कोई अपना हो। अपना होता तो क्या बाहर बैठने कहता। इसी उहापोह में उलझी रीमा इन्तज़ार कर रही थी। आख़िर ऐसी क्या मजबूरी है जो रीमा को अपने ही घर आ कर बाहर बैठने का आदेश हुआ।

थोड़ी देर बाद एक नौजवान अंदर से आया ... कहता है पाँच मिनट और रुकें आते है मेरे पापा। रीमा को धक्का लगा पापा .., .,। अभी तो चार साल ही तो हुए है बगिया को मुरझाए हुए। फिर ये कैसे मुमकिन है की बीस साल का लड़का पापा बोल रहा। जिज्ञासा बढ़ गई। असल माजरा क्या है। रीमा समझने की कोशिश कर रही थी। बेसब्री से इंतज़ार करने लगी। ... टक टक की आवाज़ से मुड़ कर देखा, पता चला उसी युवक के साथ रीमा का पूर्व पति राकेश, अब किसी का हो कर रह गया......,, सुंदर–सी स्त्री भी साथ थी। ज़रूर ये पत्नी होगी। हाँ सही पहचाना ... ये तो रीमा की सौतन थी। देखा मॉम कह रहा वो युवक, बहुत उदास मन से रीमा राह देखती रही। घड़ी आ गई जब रीमा का पूर्व पति राकेश, ...सामने बैठ गया। रीमा हकलाई, फिर हिम्मत जुटा बोली क्यों मुझे यहाँ बुलाए हो? राकेश ने कहा ..... सुनो जो घर तुमने मुझ से लिया है, वो ख़ाली कर दो। मेरे बेटे को बार रेस्टोरेंट खोलनी है। रीमा ने कहा, .. कहाँ जाऊँ .... राकेश ने कहा, किराए के मकान ले लो, घर ख़ाली कर दो। रीमा विवश हो सूनी निगाह से निहारती रही। होले से उठी और बाहर जाने के लिए कदम बढ़ाया कि एक आवाज़ रीमा को सुनाई पड़ी ... रुको। मुड़ कर देखा तो वही युवक खड़ा था, जो राकेश को पापा बुला रहा था। क्या है..... बोला ....आपकी इंतज़ार ख़त्म हुई। आप कहीं नहीं जाएँगी। मै रेस्टोरेंट बनाऊँगा जरुर उसी जगह। पर आप हमारे साथ रहेंगी। हम सभी साथ इकट्ठा रहेंगे। मेरे लिए आप भी मेरी माता हैं। रीमा सोच में पड़ गई। सोचा ये युवक कौन है ... अरे वो तो मुझे भी मॉम कहता है। बोला मैं आपको कहीं नहीं जाने दूँगा। सभी साथ रहेंगे।

रीमा ने सोचा ये मेरे कोख का जन्मा नहीं पर बेटा का फ़र्ज़ निभा रहा है। कुछ सोचा, फिर हामी भर दी।

जहाँ चाह वहाँ राह

छोटी प्रिया रोज़ सुबह 6 बजे आवाज़ लगाती फूल ले लो माँ , गजरा लाई हूँ, ले लो माँ, ले लो माँ। प्रति दिन यही आवाज़ छोटी सी बच्ची की आती। एक दिन रीमा ने सोचा क्यूँ न इसकी फूल ख़रीदूँ। उसने आवाज़ लगाई दे जा बेटी मुझे भी फूल। आँखें चमक गई बच्ची की ..., भागी भागी आई ले लो माँ ... रीमा ने तीन चार हाथ फूल की ले लिए .,, नाम पूछा ... प्रिया। लेकिन उदास प्रिया वहीं बैठ गई। पूछा क्या बात है? ढब दबाई आँखों से रीमा की ओर निहारी ... कहा अम्मा बीमार है , दवा लानी है, पूरे फूल नहीं बिके तो, पैसे पूरे नहीं पड़ेंगे दवा के लिए।

दस साल की प्रिया को इतनी समझ आ गई। रीमा ने पूछा पढ़ाई करती हो? रोने लगी कहा ...कहाँ से पढ़ूँगी। घर तो फूल बेच कर चलता है। बीमार माँ फूल की माला गुथती है फिर मैं बेच आती हूँ। गुज़ारा चलता है। ले लो माँ जितनी चाहिए उतनी ही लो। रीमा ने सोचा जब इतनी सी बच्ची दर-दर जा कर फूल बेचती है तो क्यूँ न उसे अपने घर में रख लूँ। कुछ उसकी मदद हो जाएगी, साथ-साथ अपनी भी मदद घर के कामों में हो जाएगी। पूछा .... क्या तुम अम्मा से पूछ सारे दिन मेरे पास रहोगी? घर के कुछ काम कर पैसे भी मिलेंगे , साथ-साथ मैं तुझे पढ़ाऊँगी भी। बच्ची ने सहर्ष स्वीकार कर लिया। दूसरे दिन सुबह-सुबह थोड़ी फूल के साथ पहुँच गई। रीमा ने उसे पढ़ाना शुरू किया। प्रिया की मुराद पूरी हुई पढ़ाई की। मन लगा कर पढ़ने लगी।

जहाँ चाह वहाँ राह।

उल्लास बसंत के

मंद मंद मुस्कुराती, खिलाती सूरज की धूप, भीनी-भीनी सुगंध फैलती फूलो का बगीचा, आज कितनी सुहावनी लग रही है। पिता ख़ुद का बगीचा देख बहुत खुश थे। क्यूँ न हो बिटिया की आज सगाई है। बसंत का ख़ुशनुमा माहोल, उसपर बिटिया को नई ज़िंदगी में प्रवेश करना, माता पिता के लिए कितना सुकून भरा दिन था।

कब से संजोया था अपनी बगीचा को। तरह तरह के फूलो की रंग बिरंगी क्यारियाँ। बहुत मनभावन था। लड़का वाले आ गए। सभी घर वाले लड़की को बहुत पसंद कर लिए पर ..... लड़का ... वो... वो तो शादी के लिए तैयार ही नहीं था। उसे अपनी पसंद की लड़की से ब्याह करनी थी। जिसे दो साल से पसंद कर रखा था। वो भी मन ही मन में। बस लड़की की फ़ोटो कभी देखा था , तभी से सोचा था शादी करूँगा तो इसी फ़ोटो वाली लड़की से। इसीलिए उसने शादी करने से मना कर दिया। बहुत सोच विचार के बाद लड़का अपने माता पिता की मायूसी और इज्जत की ख़ातिर हामी भर ली।

शादी हो गई लेकिन राकेश अपनी पत्नी की मुँह देखने से इनकार कर दिया। शादी हो गई पर दोनों एक दूसरे के लिए अनजान की तरह ही रहने लगे। साल बीत गया, पर दोनों ने कभी किसी को मौक़ा ही नहीं दिया शिकायत की। साल दर साल बीत गए पर।

एक दिन लड़की आँगन में कपड़ा सूखा रही थी तभी पति आँगन में प्रवेश किया। देखा ये तो मेरी फ़ोटो वाली लड़की बैठी है। आश्चर्य से देखता रहा आख़िर कैसे बात करूँ। कैसे पुछू तुम वही हो जिसे मैं चाहता हूँ। बड़ा सकुचाता रहा। लड़की घबराहट से पानी-पानी होती जा रही थी। उसे लगा आज मेरा पति मुझ से इतनी क़रीब क्यूँ आ रहा है? लड़की को क्या पता उसके सपनो की रानी वही है जिसे वो चाहता था। पीछे से आकर कमर में बाँहें डाल चूम लिया। ये सब लड़की को बड़ा अनमना सा लगा। सोची आख़िर इतना प्यार आज कैसे?

लेकिन उसे क्या पता सपनो की रानी यही है। लड़की अचानक पति का इतना प्यार देख शर्माती रही। भगवान ने सुनी, उसका प्यार उसके क़रीब आ गया।

अनजाने में ही सही, पर पति का सच्चा प्यार पा, राधा अपनी क़िस्मत की सराहना करती रही। इतना सच्चा प्यार जिसे पाने के लिए पति ने अपनी हर अरमान को दांव पर लगा दिया। अपने सपनो की रानी खातिर। सच्चे दिल की पुकार से स्वप्न अरमान में तबदील हो जाती है, और हुआ भी तो ऐसा ही।

पिता की अरमान वाली बगिया, जिसमें पति, पत्नी के क़रीब बैठ अपनी खामोशी से ख़ुशी ज़ाहिर कर रहे थे। पिता का सही माने में आज ही बसंती का उल्लास था, जो दिलो दिमाग़ पर बैठ गया।

नई जोश

एक बार मीरा अपने गाँव गई अपने माता पिता के साथ। वहाँ दादी दादा जी रहते थे। बहुत दिनो से प्रोग्राम बन रहा था, बच्चे दादा दादी से नहीं मिले थे। बेचारे पोता पोती से मिलने के लिए काफ़ी इन्तज़ार कर रहे थे। आख़िर वो घड़ी आ ही गई जब बच्चे अपने गाँव पहुँचे। खेत खलिहान देख बच्चे बहुत आतुर हो रहे थे। कभी इतने गाय भैंस देखा नहीं था। बहुत अच्छा लग रहा था।

जब बच्चे गाँव घूमने निकले। देखा बहुत से बच्चे ग्रूप बना कर, बहुत सारे गाय भैंस के साथ, बाहर उन्हें हरी घास खिलाने ले कर बहुत दूर निकल जाते। देर शाम तक वापस लौटते। पूरे दिन क्या करते किसी को नहीं पता। मीरा भी अपने भाई के साथ देखने गई। उन बच्चों को मनमानी करते देख मीरा आश्चर्य से निहारती रही। फटे पुराने कपड़े खाने को अच्छी चीजें नहीं, फिर भी कितने ख़ुश है। मीरा ने एक लड़की को बुला अपने कपड़े पहना दी। लड़की ख़ुशी से पागल हुए जा रही थी। क्यूँ न हो शहरी कपड़े होते ही बड़े फैशनेबल। अब मीरा शहर जाना ही नहीं चाहती। यहाँ रह बच्चों को पढ़ना चाहती थीं। यहाँ सभी ख़ुश हरी भरी ज़िंदगी जीते है। मैं भी यही रहूँगी दादा दादी के पास।

गाँवके माहौल अच्छे होते है। मीरा गाँव में रह बच्चों को पढ़ना चाहती थी। माता पिता से आग्रह करने लगी कि मैं दादी दादा के पास ही रहूँगी। यहाँ कुछ करूँगी। यहाँ के बच्चे यूँ बेकार समय गँवाते हैं। मैं उनके साथ मिल पढ़ा लिखा अनुशासित पथ प्रशस्त करूँगी। पिता ने हामी भर दी। इस तरह मीरा की मुराद पूरी हुई।

अच्छी सोच, सुगम राहें।

संकल्प

बहुत दिनों बाद सीमा का आँगन किलकारी से गूंज उठा। सीमा के घर सुंदर सलोना लला ने जन्म लिया। धीरे धीरे समय बीता। लला बड़ा हो गया। अब उसे स्कूल में दाख़िला मिल गया। माँ बेचैन हो जाती जब तक लला घर नहीं आता। उसे स्कूल के लिए तरह-तरह की टिफ़िन बना के देती कि कहीं बेटा भूखा न रह जाए। लला स्कूल जाता तो स्कूल गेट पर ही फटे पुराने कपड़े पहने छोटा बच्चा सभी की ओर सूनी निगहों से निहारता। लला अपना टिफ़िन प्रतिदिन उसे खिला देता। खुद भूखा रह घर आ जाता।

एक दिन लला की तबियत खरब हो गई। स्कूल नहीं जा पाया, पर उसे चिंता थी उस बच्चे की जो भूखा मेरे खाने का इंतज़ार कर रहा होगा। यह सोच लला अचानक उठ गेट की ओर भागा। माँ ने मना किया पर किसी की न सुन टिफ़िन डिब्बा लिए जा पहुँचा। देखा वो बच्चा भूखा नींद से वहीं धरती पर सो रहा है। लला के आने की आहट से भूखा बच्चा नींद से जग गया। सामने लला को खड़ा देख आशा की किरण जागी। अवश्य भोजन लाया होगा। लला ने उसे प्यार से उठा कर खाना खिलाया। बच्चा मुस्कुराते हुए लला की ओर आशा भरी निगाहों से निहारता रहा। दूसरों के दर्द का एहसास करना और उसके प्रति दया भावना लाना ही मानवता है।

उदारता

गीता के आँगन में बहुत बड़ा बरगद का वृक्ष था। गीता का बेटा विहान जो दो साल का था, वृक्ष की छाया तले खेला करता था। पेड़ पर बहुत घोंसले बने थे जो पंछियों का रैन बसेरा था। शाम होते होते पक्षियों का चहचहाना बिहान को बहुत अच्छा लगता था।

एक दिन बहुत तेज बारिश तूफ़ान आया। देखा बरगद वृक्ष धरती पर धराशाही हो गया। अब विहान बहुत दुखी हुआ। बारिश बहुत तेज हो रही थी कि अचानक दो छोटे छोटे चूज़े बारिश में भींगते-भींगते आँगन में आ गए। विहान दौड़ा बाहर से एक बड़ा सा पत्ता लाकर उसे छतरी की तरह चूज़ों को भीगने से बचा लिया। बिहान चूज़े को बचा प्यार से निहारता रहा और ख़ुश होता रहा। इतनी उदारता इतने छोटे बच्चे में हो ये बहुत बड़ी बात है।

सीख मिलती है छोटे से ही बच्चे में संस्कार सिखाई जाए तो उनके मन में उदार भावना पनपती है। जैसे विहान ने अपनी उदार दिल से नन्ही दो जान चूज़े को भीगने से बचा लिया।

बूढ़ी अम्मा

लब थरथराते हुए, कुछ बुदबुदाती हुई, ठंड से कंपकंपाती, किसी ने आवाज़ लगाई। बेटा एक रोटी दो। बहुत ज़ोर की भूख लगी है। घर वाले बड़े निकम्मे। बेटा ने कहा अम्मा यहाँ रहना है, तो अपना काम खुद करो। बहु बड़े घर की लड़की है, उसे काम करना नही आता। और हाँ जब वो घर आती है तुम अपने कमरे में रहा करो। तुम्हारी फटी पुरानी कपड़े, ऐसी हालत .... वो देख क्या सोचेगी? तुम्हें तो अच्छे से रहना भी नहीं आता, न सलीके की पहनावा।

निरीह आँखों से टकटकी लगाए अम्मा सुनी दीवाल को देखती रही। बेटा बोल कर कमरे से निकल चुका था। पर अम्मा अभी भी बुत बने थमी सी निहारने लगी। घर में सभी लॉकडाउन की वजह से घर पर ही थे। अम्मा अपने कमरे से बाहर नहीं आती और न खाना पका पाती। बेटा कार्य की वजह से विदेश चला गया।

दो दिन हो गए अम्मा ने खाना नहीं खाया। किसी ने पूछा ही नहीं कि अम्मा को खाना मिला या नहीं। परवाह किए बिना सभी खा पी मस्त रहते।

मौक़ा पा अम्मा घर से निकल पड़ी। कुछ न सोचा न विचारा। रास्ते में अचानक बिजली कड़कने लगी, मूसलाधार बारिश ने रास्ता जाम कर दिया। अम्मा भूल गई कहाँ जाना है। भीगी ठंड से ठिठुरती किसी के बरामदे तक जा पहुँची। वही बैठे बैठे बुदबुदाती रही। रोटी की माँग कर रही थी। बोलते-बोलते आँखें बंद हो है।

निशा दरवाज़े के पास आवाज़ सुन आई, देखा अम्मा की आँखें कब पथरा गई पता नही। अम्मा भगवान को प्यारी हो गईं।

समाज की हालत में सुधार लाने की बहुत ज़रूरत है। बुजुर्गों का सम्मान हो उनकी सेवा में कमी नहीं होनी चाहिए। ये विचार से समाज में बदलाव हो।

परवरिश

गाँव में साधारण परिवार के दीपक जी, चार पुत्र के पिता, मेहनत मज़दूरी कर जीवन यापन कर रहे थे। पत्नी कमलारानी भी पति के हर काम में साथ निभाती थी। बच्चों को रात में समय पर सोना, जगना, अपनी निवाला काट बच्चों के मुँह में देना। रात को बिस्तर गिला करते, उन्हें डंड न लगे, खुद गिले पर सो जाना। बच्चे सुखी बिस्तर पर सोए।

तन– मन, रात– दिन एक कर बच्चों को बड़ा किया। दीपक जी बड़े मुश्किल और परिश्रम से अपने बच्चों को पाला था। बच्चों के चेहरे पर ज़रा भी शिकन न हो, इसका ध्यान बहुत रहता था। अपने पेट काट–काट बच्चों की माँगे पूरा करते रहे। किसी को इंजीनियर बनाया, किसी को डाक्टर, और एक वकील। छोटा बेटा को पढ़ाई में मन नहीं लगने के कारण नौकरी नहीं थी। छोटा– मोटा काम से गुज़ारा करता था।

एक दिन पिता बीमारी के चपेट में आ गए, और चल बसे। अब घर में भूचाल आ गई। क्रिया कर्म की बारी आई। माँ के पास उतने पैसे नहीं थे कि क्रिया कर्म कर सके। छोटा बेटा भाइयों से बात की। दो बड़े आने से इनकार गए। कोरोना का समय है। बच्चे नहीं आ सकते। साथ लाना मुश्किल है। पत्नी भी नौकरी करती, छुट्टी नहीं मिलने के कारण आने से लाचार है। टेलीफ़ोनिक वार्तालाप से छोटा भाई बहुत आहत हुआ।

दो बड़े भाई आने से इनकार कर दिए। किसी तरह क्रिया कर्म सम्पन्न किया। स्तब्ध सा निहारता जैसे विपन्नता की काली छाया में प्रकाश ढूँढ रहा हो। अब माँ को साथ रखने की बारी आई। बड़ा का कहना था ..., मेरी पत्नी नौकरी पेशा वाली है। उसके पास समय नहीं है। माँ की देख भाल नहीं कर सकती है। मैं पैसे भेज दूँगा। माँ गाँव में ही रहे।

दूसरे तीसरे ने भी कुछ ऐसे ही भाषा का प्रयोग किया। माँ बहुत घबरा गई। छोटा बेटा के पास नौकरी नहीं थी। बड़े बेटे, तीन–तीन महीने की बारी लगा, रख लेने की बात कही। माँ का गुज़ारा हो जाएगा। भाइयों के वार्तालाप से छोटा बहुत आहत हुआ, कहा ...,,, माँ मेरी है। माँ की परवरिश मैं करूँगा। माँ मेरे पास रहेगी। किसी को माँ के लिए पैसे देने की ज़रूरत नहीं है। एक रोटी से ही माँ का लालन पालन कर लूँगा।

माँ भी अपने बेटों की टेलीफ़ोनिक वार्तालाप से बिफर गई। अपने गाँव में रहना निश्चय किया। कमला रानी गाँव छोड़ नहीं गई। कहते हैं न चाहे पुत्र चार हो पर तारण करने के लिए, सपूत एक ही होता है। कहा ... माँ मेरी है। माँ की परवरिश मैं करूँगा। माँ मेरे पास रहेगी। किसी को माँ के

लिए पैसे देने की ज़रूरत नहीं है। एक रोटी से ही माँ का लालन पालन कर लूँगा।

माँ भी अपने बेटों की टेलीफ़ोनिक वार्तालाप से बिफर गई। अपने गाँव में रहना निश्चय किया। कमला रानी गाँव छोड़ नहीं गई।

कहते हैं न चाहे पुत्र चार हो पर तारण करने के लिए, सपूत एक ही होता है।

निराशा में आशा

रास्ते का एक ढाबा। जहाँ रामू साफ़ सफ़ाई का कम किया करता था। प्रतिदिन काम करता, रात को को घर लौट जाता था। घर में बीमार बापू और लाचार माँ रहती थी। रामू को कुछ पैसों से उनका गुज़ारा करता था।

काम से निबट जब रामू अपने घर के लिए ढाबा से निकला, अपने हाथ में फटे गंदे से थैला उठाया और जाने के लिए तैयार हो गया।

इतने में ढाबा का मलिक रामू को जाता और हाथ में थैला लिए देख बोला ...... क्या है इस झोला में? रामू ने थैला को छिपाने की कोशिश करता रहा। जिससे मलिक ने यह तय कर लिया, कि रोज़ ये चोरी करता है। पहले से भी इसकी शिकायत आ रही थी। बोला ... कुछ नहीं है मालिक। परंतु मलिक ने जोर का एक गाल पर थप्पड़ मारा। रामू दुबला पतला कमजोर सा बच्चा ज़मीन पर जा गिरा। मलिक ने हाथ से छिन थैला को ज़मीन पर उढ़ेल दिया। रामू के लाख कोशिश के बावजूद, थैला को पलट दिया। देखा चार रोटी और सब्जी लपेटा है। रोटी ज़मीन पर बिखरा देख रामू समेटने की कोशिश करने लगा। मलिक ने रामू को धक्का देते हुए कहा .. तुम्हारी शिकायत पहले भी मिली थी। चोरी कर रोटी ले जा रहा। रामू गिड़गिड़ाते हुए मलिक से कहा ..... नहीं मैं चोर नहीं हूँ। जो चार रोटी सब्जी मुझे दिन में खाने को मिलता है, उसे मैं अपने बीमार बापू के लिए ले जा रहा था। मलिक ने धक्का देते हुए कहा ... झूठा .. तू सुबह से शाम तक भूखा है? रामू ने रोते हुए कहा ... नहीं मलिक मैं भूखा नहीं हूँ।

ग्राहक अपने प्लेट में इतने खाना छोड़ जाते कि उसी से मेरा पेट भर जाता ... साहब मैं अपना खना बाबा के लिए ले जाता हूँ। रामू की बातें सुन वहाँ खड़े लोग शर्मसार हुए। बच्चों के बातों का सदा कद्र करे। बच्चे भगवान के रूप होते है।

आशा

एक गाँव में नंद राम नामक किसान, अपनी पत्नी यशोदा और दो पुत्र के साथ, ऐशों आराम की ज़िंदगी बिता रहा था। तभी एक दिन दु :ख का सैलाब उमड़ा और यशोदा अचानक बीमार हो गई। इसी बीच नंद राम की भी हृदय की गति रुक जाने से मौत हो गई।

अब बेटे माँ को पास रखने में आनाकानी करने लगे। दुखों का पहाड़ जो उस पर टूटा था। अनपढ़ यशोदा सारा दिन ज़ोर –ज़ोर बोलती। बेटों के साथ तकरार होने लगा। दिन भर माँ का बड़ –बड़ करना, बेटे परेशान हो, पागल घोषित कर, पागलखाने में भर्ती कर दिया।

अब यशोदा दुखी रहने लगी। बेटों पर तरस आता उसे। माँ को यूँ अपने घर से बेघर कर दे। ऐसे संतान से नि :संतान ही होना अच्छा है। यशोदा एक दिन गार्ड की सहायता से पागलखाने से भाग निकलने में कामयाब हो गई। थोड़ा सा एक पोटली में गंदे फटे पुराने कपड़े थे। अब यशोदा सोचती रही, ऐसे बेटा से नि :संतान होना ही बेहतर है। डबडबाए नम आँखों से निरीह में टकटकी लगाए, कब नींद के आग़ोश में समा गई, बता ही न चला, दिन भर की भूखी प्यासी थी बेचारी। एक ओटो स्टैंड के पास पहुँच पनाह ली। तन पर फटे पुराने कपड़े। कहते है न – आगे नाथ न पीछे खेवईया। थोड़ी सी जगह में बैठी आँसु बहाती, बीते बातों को याद करती।

तभी साक्षात भगवान का रूप धारण कर एक पुलिसकर्मी, अपने हाथ में खाना पानी ले वही अम्मा के पास बैठ, बड़े प्यार से एक-एक निवाला मुँह में देता। अम्मा खाती और एक टक पुलिसकर्मी को देखती रही। आँखों से अविरल अश्रुधार बहता रहा। लाखों आशीष दिया। पुलिसकर्मी ने कहा .., अम्मा मुझे माँ मिल गई। मैं तुम्हारा बेटा, अपना न सही .. मान लो सगा। चलो मेरे साथ .. मैं तुम्हें रहने के लिए जगह का बंदोबस्त करता हूँ। तुम वहीं रहोगी। मैं मिलने आता रहूँगा। ज़रूरत की चीजें मुझे बता देना, मैं ला दूँगा।

सच ही कहा गया है ... दाता को राम देवैईया। आज भी समाज में ऐसे दयालु हैं, जो भिनभिनाते जगहों से फूल तोड़ लाते हैं। गरीब–अमिर का भेद भाव न रख निस्सहाय को सहारा देना चाहिए। भूखे को भोजन, तन ढकने को वस्त्र, रहने को रैन बसेरा, जिसकी जानकारी सभी को नहीं होती। करुण भावना भगवान का रूप कहें।

बचपन

एक गाँव में बहुत सारे छोटे बच्चे, एक ही गाँव में पास-पास रहते थे। गाँव में स्कूल की व्यवस्था नही थी। सबेरा हुआ बच्चे कुछ खा पी अपने -अपने गैया, बकरी ले चराने के लिए बहुत दूर खेत में चले जाते। जानवर अपना चारा घूम-घूम कर खाते। बकरी अलग चरती।

बच्चे मस्त हो अपने खेल में जुट जाते। सारे बच्चे एक साथ मिल खेल खेलते। अच्छे खेल खेलें तो ठीक, गलत राह पकड़ लें, तो बहुत ही शर्मनाक।

बच्चों के तन पर वस्त्र नहीं, खाने का खाना नहीं। यूँ ही जीवन की गाड़ी चलती रहती।

कहते हैं न जहाँ देर है वहाँ अंधेर नही। इसी समय एक आमिर बालक अपनी छोटी बहन गुड़िया के साथ, माता-पिता से आज्ञा ले बच्चों की टोली में पहुँचे। बालक का नाम गुड्डु था। सारे बच्चे गुड्डु के साथ खेलने लगे। गुड़िया भी एक सहेली बना खेलना चाहती थी, परंतु गाँव की बाला, खेलना चाहती ही नहीं थी।

गुड़िया के मिन्नत पर गाँव की बाला मान ही नहीं रही थी। अब गुड़िया सर पकड़ बैठ गई। एक तरकीब मन में आया। पाकेट में हाथ डाल मुट्ठी में टोफ़ी थाम लिया, और दोस्ती का हाथ बढ़ा दिया। गाँव की बाला टौफ़ि देख, ख़ुशी से मुस्कुराते हुए हाथ थाम लिया, और उसे अपनी सहेली बना लिया। बच्चे बड़े मासूम नादान हैं। उन्हें आमिर -गरीब का भेद भाव नहीं आता।

बच्चे कच्चे मिट्टी की तरह है, जैसे ढाल तो ढल जाते है। भेद भाव की उन्हें परवाह नहीं। छोटे से ही उन्हें प्रेम सोहाद्र पूर्ण भावना सिखाई जाती है, तो आगे चल उसी भावना से परिपक्व होते है। जो बच्चों में संस्कार भरती है।

विवशता

एक गाँव में हरिया नामक व्यक्ति अपने बच्चों के साथ रहता था। पत्नी छोटे बेटे को जन्म दे, भगवान को प्यारी हो गई थी। ग़रीबी की मार ने हरिया को अपने आँखों के सामने पत्नी को दम तोड़ते हुए देखा था। दो बच्चों का पिता था। पत्नी की मृत्यु के बाद बच्चों की परवरिश, हरिया के लिए एक कठिन परीक्षा थी। हरिया सोचा, बच्चों को क्यूँ न कारख़ाना ही ले जाता हूँ। वहाँ कुछ देख सीख भी लेगा। यह सोच, अपने साथ कारख़ाना ले जाने लगा। काम सिखाया। बच्चे के साथ ज्यादा काम कर ज्यादा पैसा कमाने लगा। हरिया अपने बच्चों को अपने ही काम, लोहाईं के कार्य में लगा दिया। कुछ कमाई हो जाती, तो दो जून की रोटी नसीब हो पाता।

हरिया कारख़ाना में काम करता और अपने पुत्र जिसका नाम राजू था, को भी इसी काम में लगा दिया। बच्चे भी हथौड़ा उठा पिता के साथ लोहे का सिक्कड बनाने लगा। एक- एक दिन में पिता पुत्र मिल, जल्दी- जल्दी सिक्कड बनाने लगे, और बिक्री बहुत बढ़ गई। पिता पुत्र के बनाए सिक्कड सभी को खूब पसंद आने लगी। बिक्री अच्छी होने लगी। मालिक से बहुत मिन्नत कर बेटा को कारख़ाना में काम करने को रखवा लिया। दिन रात मेहनत कर बच्चा भी पिता के आर्थिक स्थिति में सहयोग करने लगा। लेकिन बाल मजबूरी एक अपराध है। सरकार इस पर कड़े रुख़ अपनाई है। कारख़ाना मालिक हरिया के अनुरोध पर उसे रख तो लिया, पर शर्त थी, पहले स्कूल जाना है, फिर काम पर आना है। बच्चा सुबह के स्कूल में पढ़ने जाता। फिर दूसरे शिफ़्ट में कारख़ाना आ हरिया के साथ काम करता।

ऐसे अपने देश में बाल मजबूरी एक जघन्य अपराध है। फिर भी ग़रीबी के चपेट में आ बच्चे छोटे-छोटे काम कर घर की आर्थिक स्थिति में सहयोग करते हैं। नहीं तो एक रोटी भी कभी-कभी नसीब नहीं होती।

छोटे-छोटे ढाबों में प्लेट धोते ये छोटे बच्चे ही मिलते है। ये उम्र बच्चों के खेलने और हाथ में कलम पकड़ने का उम्र है। लेकिन ग़रीबी ने बच्चे के हाथ में हथौड़ा थमा दिया।

समाज में बालमजदूरी को बढ़ावा नहीं देना चाहिए। अगर संभव हो तो गरीब बच्चे को पढ़ाने और उन्हें अच्छी राह दिखाने का कार्य अति उत्तम। तो आगे बढ़ बाल मजबूरी को रोकने में हाथ बटाएँ। उन्हें पढ़ा लिखा कर उचित राह दिखाएँ।

एक दूजे की लाठी

पेंसलविनिया का एक छोटा सा गाँव, जहाँ जैक, अपनी पत्नी जेनिफ़र के साथ रहता था। दो बच्चों के माता-पिता, जवानी के दिन तो बड़े हंसी ख़ुशी में काट लिए। रसकी और जोजो, दो बच्चे, दोनों की पढ़ाई ख़त्म हो गई।

दोनो को नौकरी मिल गई, फिर क्या बात। दोनो बेटों ने शादी कर ली अपने पसंद की, और अपनी-अपनी पत्नी के साथ मस्त हो गए। विदेश में माँ बाप अकेले रह जाते हैं। इसीलिए जैक पत्नी के साथ अपने घर में अकेला ही रहता था।। सेवा निवृत हो चुका था। उम्र भी अपनी ओर आकर्षित कर रही थी और जवाब दे रही थी। कुछ दिनों से जेनिफ़र बीमार चल रही थी। बीमारी और उम्र, जैक की कमर तोड़ दी। घर के किस्त भरने के भी पैसे नहीं थे। इसी कारण अपने घर से बेघर होना पड़ा। जेनिफ़र भी बीमारी से काफ़ी कमजोर हो गई थी। धीरे धीरे जेनिफ़र को चलने में तकलीफ़ होने लगी थी। जेनिफ़र किसी तरह पति का हाथ थामें बढ़ने की कोशिश करती है। पति कभी भी पत्नी के हाथ थामें बिना नहीं चलता।

दरअसल इनके पास घर नहीं था। जैक को, पत्नी की बीमारी, आर्थिक स्थिति डावाँडोल कर दिया। घर के किस्त भरने के पैसे नहीं थे। दो चार डॉलर कोई दे देता, गुज़ारा हो जाता।

पीठ पर, दो चार कपड़े की पोटली, हमेशा की तरह टांगे रहता, हाथ में सहारा की छड़ी, पीछे पत्नी जेनिफ़र का हाथ थामे, पुराने पैंट, दिला ढाला गुलाबी फूल बाँह की शर्ट, सर पर उलेन टोपी, कंधे पर हाथ मुँह पोछने के लिए तौलिया या नैपकिन कहें, अपने गंतव्य की ओर, हौले हौले बढ़ने की कोशिश कर रहे थे। उम्र ने कमर तो तोड़ी साथ -साथ दृष्टि भी कमजोर कर दी।

जेनिफ़र भी जैक से मिलता जुलता गुलाबी स्कर्ट ब्लाउज पहने, पैर में जूता पहने, ठंड से बचने के लिए जेनिफ़र ने भी काली टोपी लगा रखी थी। हाथ में एक थैला, जिसमें अपने कुछ ज़रूरी चीजें डाल, हाथ में थामे, जैक का हाथ पकड़े, चलने की कोशिश कर रही थी।

फटे पुराने कपड़े, जूता पहने, पत्नी का हाथ थाम एक दूसरे का सहारा बन मंज़िल की तलाश में बढ़ रहे थे। जैक अपनी पत्नी का हाथ पूरे दम खम से पकड़ चलने की कोशिश कर रहा था। बोझ तले कमर तो झुक गई। फिर भी हार नहीं मनाने वाले। अपनी मंज़िल की तलाश में निकल पड़े। दोनो एक दूसरे के साथ बहुत सुकून की ज़िंदगी जीते और आज इनकी प्रेम कहानी मिशाल क़ायम करता, दिखता है।

विदेश में जैक जेनिफ़र की तरह अनेक जोड़ी देखे जाते हैं। अपने में मस्त ज़िंदगी व्यतीत

करते हैं। दु:ख की शिकन चेहरे पर न नहीं आता। पति पत्नी बुढ़ापे में एक दूसरे के पूरक बन हाथ थामे सहारा दे जीवन व्यतीत करते।

दु:ख की बात यह है कि जिस बच्चे ख़ातिर माता–पिता अपना सर्वस्व, तन मन धन सब गवां देते, बच्चे उन्हें बीच मँझधार में छोड़ देते। जैसा कि जैक & जेनिफ़र के साथ हुआ।

अपने बच्चों ख़ातिर माता पिता अपना सब कुछ न्योछावर कर देते हैं। आज मंज़िल पाने के लिए दर –दर भटकते रहते। अपनी ज़िंदगी को खुद सवार कर चलें। राहें बड़ी कठिन है।

ईमानदारी

माँ अपने बेटा के साथ रहती थी। कुछ दिन पहले पति की मृत्यु के पश्चात ज़िंदगी ऐसे वैसे चलने लगी। दिन रात जैसे थम से गए थे। घर की स्थिति बिगड़ने लगी बेटा राजू अभी छोटा था। माँ उसे अच्छी शिक्षा दे ऊँचे ओहदे पर बिठाना चाहती थी। परंतु खाने के पैसे नहीं थे, तो फिर राजू की पढ़ाई कहाँ से करा पाएगी।

एक दिन माँ ने राजू को सो रुपए दिए कि बाज़ार से कुछ खाने का सामान ले आए। राजू दस साल का था, पैसा ले बाज़ार दौड़ गया। लौट कर आया तो माँ को सामान के साथ दो सौ रुपए दिया। माँ आश्चर्य से राजू को देखी और पूछा ... सामान भी इतना और दो सौ रुपए। ये कैसे संभव है?इतने पैसे कहाँ से लाए? माँ ने राजू से पूछा .. राजू ने बताया कि दुकान वाले ने खुद दी है। मैंने पैसे कहीं से नही लिये। माँ दुकान वाले को पैसे लौटने गई .. कहा मैं राजू के तरफ़ से माफ़ी चाहती हूँ। राजू गलती से पैसे ले गया। उसे माफ़ कर दें और दो सो रुपया ले लो।

दुकान वाले ने कहा.. नहीं -नहीं गलती मेरी है जो बिना समझे पैसा दे दिए। राजू भी माफ़ी माँगने लगा.... अंकल जी मैं माफ़ी चाहता हूँ। मैंने गलती से आपके रुपए ले गए थे। आप कृपया इसे रख लें। दुकान वाले ने कहा ..आप लोग मुझे माफ़ कर दें। गलती तो मैंने की थी। मैंने ध्यान नहीं दिया। आगे से ध्यान रखूँगा।

दुकान वाले ने कहा कि बेटा तुम स्कूल जाते हो। स्कूल से लौट थोड़ी देर दुकान का अकाउंट देख दो। जिसके एवज़ में तुम्हें पाँच हज़ार रुपया भी मिल जाएगा। मुझे भी ऐसे ही ईमानदार मनुष्य की ज़रूरत थी। तुम मेरी आशा पर खरे उतरोगे। राजू की माँ ने हामी भर दी। राजू स्कूल से लौटता तब दुकान पर जा काम करने लगा। राजू पढ़ाई में अवल्ल था। उसने MA की शिक्षा प्राप्त कर, लेक्चर बनने की ख्वाहिश को पूरा किया। आज माँ पर उम्मीद की रौशनी जागी।

ईमानदारी से कमाया रुपया ईमानदारी में ही रहता है। ईमानदारों की पूछ होती। ईमानदारी से मंज़िल की प्राप्ति हो जाती है।

बाढ़ की क़हर

झोपड–पट्टी में रहने वाली मुनिया, अपने पति हरिया के साथ, मेहनत मज़दूरी कर गुज़ारा कर रही थी। दो बच्चे भी हुए। हंसता खेलता परिवार। दिन भर के थके हारे, घर की, चारपाई पर आ लेट, हरिया ... अरे मुनिया, भूख लगी है। जल्दी कुछ खाने को दे। मुनिया प्यार से अदरक वाली चाय एवं मठरी ले कर आती। हरिया को दे, उसके पैर दबाने लगी। लगी तभी जोड़ की बिजली कड़की। देखते देखते मूसलाधार बारिश होने लगी। चरो ओर जल का मानों, सैलाब आ गया। गाँव चारों ओर पानी से घिर गया। नदी नाले उफनने लगे। देखते–देखते तेज गति में पानी गाँव शहर में घुसने लगा। बाढ़ की स्थिति हो गई। गाँव शहर बाढ़ के पानी में डूबने लगा।

बेचारी मुनिया करे तो क्या करे। हरिया बड़े बेटे को गोद में उठा लिया। मुनिया छोटे बेटे को गोद में लिए, दोनो बेचैनी से, इधर–उधर तलाशने लगे। किस तरह बचा जाए। देखते–देखते घुटने तक जल भर आया। झोपड़ी, सैलाब में तिनके की तरह बहने लगा। हरिया और मुनिया गोद में बच्चे उठाए, दोनो हाथ थामे, ज़िंदगी की गुहार लगाने लगे। जलस्तर धीरे–धीरे बढ़ता ही जा रहा था। साथ तेज बारिश। पानी के बहाव में, मुनिया को एक झुरी दिखाई दिया। लपक कर मुनिया ने उसे पकड़ लिया। बेटा को टोकरी में बैठा उसे बचाने की कोशिश करती रही। इसी बीच कब हरिया से हाथ छूट गया, पता ही नहीं चला।

ये कोशी नदी के जलस्तर बढ़ने से , बांध टूट गया था। जल गाँव शहर को देखते–देखते अपने आग़ोश में ले लिया। मुनिया घबराई बेचैन सी, बच्चे को बचाने की कोशिश कर रही थी। तब तक जलस्तर तेजी से बढ़ रहा था। मुनिया के गले तक पानी का स्तर आ गया। बेचारी मुनिया हर कोशिश से जूझ रही थी। उसे कृष्ण के जन्म की कहानी याद आ रही थी। कैसे मूसलाधार बारिश में वासुदेव , भगवान कृष्ण को टोकरी में उठा जमुना पार कर, भगवान को बचा लिया। यशोदा मैया और नंद बाबा को सौंप, वापस आ गए थे। इस तरह मुनिया कृष्ण को याद करती आगे बढ़ती गई। जल में करेंट इतना ज्यादा था कि जल के बहाव की गति तेज होने लगी। मुनिया भी बहने लगी हाथ ऊपर किए बच्चे को बचाती रही। अचानक तेज बहाव में कब मुनिया के हाथ से झुरी (टोकरी) छूट गई। मुनिया बाढ़ के आग़ोश में समा गई। टोकरी में बैठा बालक, बहता–बहता एक पेड़ की टहनी, जो टूट कर पानी में लटका हुआ था, बच्चा उसे पकड़ लिया। बाद में बच्चा को लटका देख, रेस्क्यू किया गया। हिम्मत हारनी नहीं चाहिए। हौसला बुलंद हो तो लाख मुसीबत आने पर भी मंज़िल खुद ब–खुद मिल जाती है।

ऊँची उड़ान

ऊँचे लोगों की ऊँची उड़ान। आधुनिक बनता दुनिया में भागम भाग। बढ़ना, अच्छी बात, पर सोचें ज़रा, ये क्या उचित होगा, जब हम अपने पीढ़ी को गर्त में धकेल रहें है। उनका भविष्य अंधकार मय बनता जा रहा है। तभी न हम एक छोटे से नन्हे बालक के पीठ पर सिलिंडर बांध दिए। दु:ख की बात है, जिस पीठ पर बस्ता ले अपने भविष्य की नींव संजोते, वहाँ अभी आक्सीजन सिलिंडर बांध घूम रहे है।

चरो ओर ऊँची–ऊँची अट्टालिकाएँ खड़ी की जा रही है। आधुनिक बनाने की दौर में जगह–जगह पेड़ काटे जा रहे है। आधुनिकीकरण के कारख़ाना लगा, वायु प्रदूषित किया जा रहा है। तरह– तरह के गैस, जो कारख़ाना के चिमनी से निकल, वायु को प्रदूषित कर रहा है। जगह–जगह वन–उपवन, पेड़ पौधे काटे जा रहे है। धरती को समतल बना अटारी का निर्माण हो रहा है। न शुद्ध वायु न शुद्ध जल। कैसे नई पिड़ी अशुद्ध वातावरण के जाल में फँसते जा रही। तरह–तरह के बीमारी के शिकार हो रहे हैं। छोटे–छोटे बच्चे आज बड़े–बड़े बीमारी के शिकार हो रहे है। ये बहुत चिंता का विषय है। पीठ पर आक्सीजन सिलिंडर बांध देना, भविष्य की रक्षा करना नहीं होता। हमें पहले की तरह उगता सूरज के लालिमा को धरती तक लाना होगा। बच्चे देख पाए की आसमान नीला स्वच्छ, कैसा होता है।

आज एक छोटा बालक चित्र में, अपना भविष्य खुद लिख रहा है। पौधा लगा, सींच रहा है। पीठ पर सिलिंडर का भार सहन कर, भविष्य लिख रहा है। स्कूल में पढ़ा, पेड़ आक्सीजन देता है। उसे याद है। इसीलिए पौधा लगा लोगों को संदेश पहुँचा रहा है पेड़ लगाओ, आक्सीजन पाओ। पर्यावरण बचाओ।

एक छोटा बच्चा याद रखा कि पेड़ आक्सीजन देता है। यह सोच पेड़ लगा रहा है। पर हम सारी बातें भूल गए, और वातावरण प्रदूषित कर अपने ही बच्चों को गर्त में ढकेल रहे है। एक छोटा बच्चा हमें बता रहा है, पेड़ लगाओ पर्यावरण बचाओ। हमें पेड़ लगानी है और बच्चों को आक्सीजन सिलिंडर से मुक्त करना है।

परिवार

एक गाँव में ताराचंद जी रहते थे। स्वर्णकार थे, चाँदी सोना का व्यापार था उनका। एक बेटी, नाम पार्वती था। पिता घर, धीरे धीरे पार्वती बड़ी होने लगी। बड़ी होते होते, उसे गाँव के चरवाहे से प्यार हो गया। अब आई शादी की घड़ी। पिता की इकलौती पुत्री, बेटी की ब्याह का सपना, पिता ने दिल में संजोया था। एक राजकुमार सा दामाद मिले, भगवान से प्रार्थना करते थे। लेकिन भरी सभा में पिता को एलान कर दिया, शादी करूँगी तो शंकर चरवाहे से। पिता ने लाख मिन्नतें की बेटी से, पर पार्वती एक न मानी। शादी शंकर से ही करने की ज़िद्द लगा दी। शंकर और पार्वती की शादी धूम धाम से हो गई। अब राजमहल जैसे सुख आराम से पली, कैसे झोपड़ी में रहेगी। सोच सोच पिता बीमार रहने लगे।

पार्वती पति शंकर से साथ सुख चैन की ज़िंदगी जीने लगी। एक दिन चरवाहे शंकर को सर्प डँस लिया और शंकर मृत्यु शैया पर सो गए। पत्नी पार्वती विचलित हो शिव आराधना में लीन हो गई। मृत पति के शव ले, शिव दरबार के सामने रख, शिव ज़प में लीन हो गई।

पार्वती शिव परिवार की आराधना में लीन हो गई। उस दिन सुना था शिव परिवार की आराधना से, अपना परिवार सुखी सम्पन्न होता है। उसने शिव परिवार की आराधना में लीन हो गई। माँ पार्वती सौभाग्य की देवी है। बेटा, गणपति रिद्धि-सिद्धि के दाता।

बेटा कार्तिक ग्रहों के देव। इसीलिए पार्वती शिव परिवार की आराधना में लीन हो गई। महाशिवरात्रि का दिन था। था। अपने पति की आयु की आराधना में लीन थी। तीन दिन के कठिन व्रत के सामने यमराज भी नतमस्तक हो गए।

पार्वती की कठिन जप से शिव जी को आशीष के लिए आना ही पड़ा। माँ पार्वती, स्वर्ग लोक से निहार, आशीर्वाद दे रही, पति की लम्बी आयु का। चरवाहा शंकर के शरीर से विश पान कर गए बाबा भोलेनाथ। तीन दिन के बाद शंकर ने आँखें खोली। पत्नी को व्याकुल देख शंकर विचलित हो गया। पत्नी पार्वती से बहुत प्यार करता था।

भोले नाथ ऐसे ही हैं। जो भक्त दिल से आवाज़ देता, उसे तार देते है। महाशिवरात्रि का व्रत, आराधना कर पार्वती पति, चरवाहा शंकर को फिर से पा लिया। अब नित आराधना भोले नाथ का करने लगी। पहले की तरह सुखी जीवन वापस मिल गया।

स्वर्ग लोक से भोलेनाथ अपने परिवार सहित आशीष बरसाते रहे। बगल में त्रिशूल और डमरू भोले नाथ के पास है। त्रिशूल के बीच की चमक, सृष्टि में चमक फैलाता है। माता पार्वती के बगल

में त्रिशूल है जिसकी चमक धरती पर सुख शांति इंगित कर रहा है। कार्तिके मोर के रूप में पिता के बगल से निहार रहे। पीछे विघ्नहरता गणपति माता पार्वती और पिता भोलेनाथ के बीच घुस, निहारने की कोशिश कर रहे है। सरोवर में ढेरों कमल खिले है। सफेद हँस मस्ती कर पुष्प पर बैठ रहा है। इधर नीले अम्बर पर सफेद बगुला उड़ान भरना चाहता है। एक चबूतरा, जो घेरा बंद है, पर बैठे हैं। माता पार्वती सुंदर नारंगी साड़ी, हरे ब्लाउज़, कमर में कमरबंद, बालों को जुड़ा बना गजरा और गुलाबी और सफेद मोती की माला, लगाई हैं। भोलेनाथ भी नारंगी वस्त्र में, बाजू में रुद्राक्ष की माला, जटा में चाँद और रुद्राक्ष लपेटे मस्त हो प्रणय लीला में व्यस्त हैं। इतने सुखद दृश्य में भोलेनाथ माता पार्वती परिवार सहित लीन थे।

कहते है न प्रेम भक्ति से जो माँगे, भोले बाबा भोला नाथ है, पूरा करते। जो सच्चे मन से गुहार लगाता, पूरी होती उनकी हर मुराद। जैसा कहानी में ज़िक्र किया है। सच्चे मन की पुकार से हर ले बेड़ा जीवन नैया कर दे पार।

हिम्मत

अभी अभी मुन्नी गाँव से आई थी अपने पति के साथ। शहर में नौकरी की तलाश थी। पढ़ी लिखी नहीं थी। गाँव की हिम्मती बाला थी। एक जगह नौकरी, घर के काम काज का, मिल गया।

मुन्नी अपने पति के साथ, रीना के आउट हाउस में रहने लगी। घर के कामकाज कर, दो चार रुपए कमाती थी। रहने को फ़्री में घर, पानी बिजली, सब मिलता था। पति प्रकाश बगीचा में कम करता, गाड़ी की साफ़ सफ़ाई करता। दो चार पैसे कमाते, दोनो के पैसे से घर बहुत सुखी सम्पन्न रूप से चल रहा था। इसी बीच मुन्नी को बेटी हो गई। बेटी दो साल की हो गई। फिर भी मुन्नी, हिम्मत नही हारने वाली थी।

अपने साथ अपने पीठ पर दो साल की बेटी को, बांध दूसरे जगह काम करने जाती है। काम करने वाले घर से साइकिल ख़रीद लाई। काम कर साइकिल का पैसा चुकता करती। पीठ पर बच्ची को बांध दूर–दूर भी जाकर काम कर पैसा कमाती। बच्ची को अच्छी शिक्षा देने की ख्वाहिश थी। पैसे जमा करती और अपनी गुजर बसर करती।

अचानक एक दिन कहर टूट पड़ा मुन्नी पर। दु:ख का गाज गिरा।

पति प्रकाश कोरोना के चपेट में आ गया। साँस उखड़ने लगी। अस्पताल ले गई, परंतु डाक्टर बचा नहीं पाए। प्रकाश पत्नी मुन्नी को बेसहारा कर, दुनिया छोड़ गया।

मुन्नी हिम्मत वाली थी। दु:ख की घड़ी में अपनी हिम्मत टूटने नहीं दिया। पहले की तरह काम पर निकल पड़ी।

खुद पीली कुरती, लाल सलवार पहने, बेटी को काला पायज़ामा, हाथ में मोती की नज़रिया पहनाए, लाल साल से, पीठ पर बेटी को बांधा, और काम की तलाश में निकल पड़ी।

मेहनत और हिम्मत से मंज़िल प्राप्त हो जाती है। हिम्मत रखना चाहिए। मेहनत का फल मीठा होता है। जैसे मुन्नी हिम्मत से काम ले, सफलता की सीढ़ी चढ़ती गई। आज अपनी बेटी को पढ़ा लिखा कर, बड़ा किया। वो एक सरकारी नौकरी करने लगी।

तो जहां चाह है, वहाँ राह, खुद ब खुद निकल आता है।

हिम्मत कभी न हारे, मंज़िल पास है। राह निकाल आएगा।

रक्षा बंधन

अरे –अरे माँ क्या कर रही। सलमा –सितारा, कैंची, सुई– धागा लिए माँ क्या कर रही है। सोनू बहुत देर से माँ को देख रहा है। आख़िर माँ कर क्या रही हो, पूछ ही लिया .. क्या कर रही माँ? माँ ने कहा ... राखी बना रही हूँ। सोनू ने सोचा कल ही मैंने माँ के भाइयों की राखी पोस्ट की है। फिर आज किसके के लिए राखी बना रही है।

माँ ने कहा मैं राखी मुन्ना के लिए बना रही हूँ। सोनू ने सोचा, अरे वो तो मेरे से भी छोटा है फिर माँ क्यों राखी बना रही है। माँ ने कहा ... जब पूरा घर कोरोना के चपेट में था, पास परिवार कोई भी मदद को आगे नही आए। ये बीमारी ऐसी है कि अपनों से अपने दूर हो जाते है। उस विकट परिस्थिति में ये छोटा बालक मुझे खाना बना खिलाया था।

कभी नही डरा, कोरोना छुआ छूत की बीमारी है। कोई पास नही आता। लेकिन मुन्ना अपनी परवाह किए बिना खाना बना हम लोगो को खिलता रहा। हमारी बहुत सेवा की है। उसे मैं मरते दम तक भी, एहसान नहीं चुका पाऊँगी। मैं उसकी बहुत बड़ी क़र्ज़दार बन गई हूँ। एक रेशम के धागे से अपना प्यार ज़िंदगी भर साथ रख सकूँ।

भगवान से मंगल कामना करती हूँ उसके लिए। प्रार्थनाएँ मैंने भगवान से की है। उसका सरवतों कल्याण करे प्रभु। यही कामना के साथ ये रेशम की डोर बांधूँगी।

मिष्ठान भंडार

एक गाँव में सम्पत कुमार नाम का एक व्यापारी रहता था। उसकी मिठाई की दुकान थी। प्रतिदिन मिठाई बनवाता और उसकी सप्लाई करता था। जिससे धन कमाता था। मिठाई के दुकान से ही धनवान हो गया।

दुकान पर एक हलवाई रखा था नाम था मोटू राम। मोटू राम की, मूँछें बड़ी ज़ोरदार थी। बाएँ हाथ से करछी पकड़े, मतलब मोटू राम बाएँ हाथ से काम करने वाले हैं। मोटू राम देखने में ज़रूर था मोटा परंतु मिठाई बनाने में एकदम सटीक (perfect)था।

एक दिन ऐसा हुआ कि मोटू राम बड़े से पतीले में मावा बना रहा था। मिठाई अभी पूरी बनी नहीं कि सम्पत कुमार के पास लम्बी लिस्ट आ गई। हज़ार डब्बा, जल्द से जल्द सप्लाई करें। बेचारे सम्पत कुमार, हक्के बक्के हो गए। आधा घंटा के अंदर सप्लाई करें अन्यथा ऑर्डर रद्द हो जाएगी।

मोटू राम बोले की मिठाई आधा घंटा में तैयार नही हो सकता है। अभी सुबह के दस बजे है। हज़ार डब्बे की माँग है, बनते- बनते, पैकिंग करते, शाम के चार बज जाएँगे। हर डब्बा में जलेबी, काजू कतली और लड्डू भरना था और डब्बे पार्सल थे। सम्पत कुमार जी मोटू राम की बातें सुन हक्का बक्का रह गए। अब तो ऑर्डर कैन्सल हो जाएगा और सम्पत जी का बिज़नेस ठप्प हो जाएगा। सोच, सर पकड़ कर बैठ गए।

इतने में ऑर्डर देने वाले सज्जन आ गए, मिठाई का डिब्बा लेने पहुँच गया। सम्पत जी घबरा गए, और उस ग्राहक को आश्चर्य से निहारने लगे। सम्पत कुमार जी गिड़गिड़ाने लगे, भैया मुझे चार बजे तक की मोहलत दो, मैं आपके यहाँ, चार बजे पक्का डेलिभर करवा दूँगा। सम्पत जी कुछ और कह पाते, उस व्यक्ति ने कहा .. अरे परेशान न हों। मैं तो दरअसल आपको बताने आया था कि मैं शाम चार बजे ही लेने आऊँगा।

यह सुन मोटू राम हँसता मुस्कुराता देखने लगा। ख़ुशी से हँसता हुआ अपने कामों में व्यस्त हो, कार्य में जुट गया।

चेहरे के भाव से, मोटू राम विश्वास भाव से मुस्कुरा रहे थे और बेचारा सम्पत कुमार बेचैन हो रहे थे। लेकिन उनकी मजबूरी को भगवान उबार दिए। समयनुसार काम हो गया।

जीवन में धैर्य रखना चाहिए। धैर्य जीवन में शांति लाता है। धैर्य रखे साफलता कदम चूमेगी और आप सफलता की सीढ़ी पर खुद चढ़ते चले जाएँगे। तो जीवन में धैर्य रखे।

औकात

एक बार राकेश अपनी पत्नी सीमा के साथ बड़े अच्छे मुड़ में बातें कर रहा था। सीमा ने पति के मुड़ को पहचानते हुए, कहा ... चलो आज चाचा जी को देख आते हैं। वो बहुत बीमार हैं। राकेश ने तपाक से कहा ... नही जाना है। न वहाँ बैठने की जगह है न खिलाने की ज़िम्मेदारी है नही जाना है। बेचारी सीमा ने पति के मुड़ को बदलते देखा। उदास सीमा अपने कामों में व्यस्त हो गई।

इतने में छोटी बिटिया सारा , देखने में बहुत सुंदर, हाथ में एक पुराना सा फटा पुराना अलबम हाथ में ली, दौड़ पड़ी।

बेटी सारा, पिता जी से पूछने लगी। ये तो जादुई घर है। इसमें तो टूटा फूटा घर दिख रहा है। बेटी ने पूछा ये घर किसका है। राकेश ने बताया, यह मेरा घर है। छोटा था माता पिता के साथ यही रहता था। बेटी ने कहा .. छी छी पापा ऐसा घर में रहते थे। यहाँ तो बाथरूम में दरवाज़ा भी नही है। बहुत गंदा है।

राकेश जी शर्मा गए। उन्होंने सीमा को आवाज़ लगाया। चलो हम लोग चाचा जी की देखने चलेंगे। तैयार हो जाओ। और चाचा को देखने चले गए। राकेश जी को अपने औकात का भान हुआ।

समझौता

माँ ने आवाज़ लगाई बिटिया नीता को –बिटिया जल्दी आ जाओ, स्कूल का समय हो गया, बस आ जाएगी। जल्दी तैयार हो कर नीचे आ जाओ। लेकिन नीता नहीं आई। मन ही मन में ना बुदबुदाई .. समय का ख़्याल ही नहीं है। कहती हुई माँ खुद ही बुलाने के लिए ऊपर कमरे में गई। माँ की आहट पा नीता ने इशारा से माँ को चुप रहने को कहा। माँ ने देखा, नीता एक छोटे से गणपति की मूर्ति के सामने बैठी, ध्यान मग्न थी। थोड़ी देर में आँखें खोली। माँ ने पूछा .. ये मूर्ति कहाँ से आई। नीता ने बताया .. ये मूर्ति मुझे दादी ने दिया। दादी ने बताया .. सच्चे मन से गणपति से माँगेगी तो बप्पा सभी काम पूरा करते हैं। दादी ने कहा की बप्पा से भाई की कामना करो तो भाई आएगा। तो मैं भाई पाने के लिए रोज़ कामना करती हूँ। भाई आएगा तब राखी बंधूँगी, भाई मेरी रक्षा का भार लेगा। माँ को यह बातें अच्छी नही लगी।

लेकिन माँ ने सोचा आज इसे बेटा बेटी के भेद भाव को मिटाना होगा। अगर फिर बहन हो जाएगी तो इसके नादान मानस पर असर कर दिया।

माँ ने कहा .. बिटिया दादी ने कहा हैं कि भाई बहन जो भी आए, वो तुम्हारा पाट्र्नर रहेगा। दोनो साथ-साथ खेलना।

तब तक बस आ कर चली गई। माँ ने सोचा अगर आज इसके दिमाग़ से ये फ़ितूर न निकाला जाए तो असर अच्छा नहीं पड़ेगा। क्योंकि यदि दूसरी बार फिर बहन हो जाये तो नीता को धक्का लगेगा। अत: बेटा बेटी के भेद भाव मिटाने के लिए वचनबद्ध थी।

एक ज़िम्मेदार पत्नी

एक ज़मींदार की पत्नी रह चुकी शिला, आज जब सारी ज़मींदारी लूट गई। घर की आर्थिक स्थिति ख़राब होने लगी। पति जिनका नाम था राय बहादुर, आर्थिक हालात ख़राब होने लगी। इस तंगी की खिंचा तानी में पति राय बहादुर जी बीमार रहने लगे। दिन पर दिन आर्थिक स्थिति ख़राब होती गई, और हालात भी बिगड़ने लगे। अब शिला अपनी इकलौती बेटी और बीमार पति के साथ बहुत ग़रीबी में दिन गुजारने लगी। बहुत सोचा विचारा। सोच विचार कर, काम की खोज में निकल पड़ी। दूसरे घर जा, घर का काम करने का सोचा। काम एक घर में मिल गया। घर का काम तो करना है साथ साथ चक्की से आटा भी तैयार करना था। उखल में मसाला भी कुटना था। इतनी सारी काम शिला ने कभी किया नहीं। फिर भी काम से हार नहीं मानी और काम पर निकल पड़ी। लाल साड़ी, हरा ब्लाउज़, बॉर्डर वाला, गले में मंगल सूत्र पहने, हाथ में हरी चूड़ियाँ, पहने चक्की चला रही थी। शिला प्रतिदिन चक्की चला कर गेहूं पिसती, उसी आटा का रोटी बना, घर वाले को रोटी खिला कर, तब घर आती। तब आ कर नहा धो कर खाना बनाती। जो दो पैसे मिलते उससे अपनी बेटी और बीमार पति का दवा और पेट भरण करने लगी।

जब पहली तनख़्वाह मिली, शिला ने सोचा क्यूँ न बेटी के जन्मदिन पर उसे उपहार दूँ। शिला ने बेटी और पति के लिए नए कपड़े ख़रीदा। अपने लिए भी नई साड़ी लाई। बेटी का जन्मदिन था। बेटी और पति को प्रेम से भोजन कराती। घर आ कर शिला नहा कर नई साड़ी खुद भी पहन ली और बेटी पति को भी पहनने को कहा, और सभी नए कपड़े पहन कर खाना खाने बैठ गए। खाना खा बेटी, ग्लास से पानी पी रही थी। माँ धानी रंग की साड़ी बैगनी ब्लाउज़, अच्छे से तैयार हो खाना परोस रही थी। पति पर ख़ास नज़र रखी थी। पति बीमार थे इसीलिए उनपर ख़ास नज़र रख खाना खिला रही थी। लड़की समझदार और अनुशासित थी। माँ की स्थिति को समझती है। तंग नहीं करती। माँ जो देती अच्छे से खा कर उठ जाती। शिला प्रेम से खाना परोसती रही। खाना कब खतम हो गया किसी को पता ही नही चला।

माँ बच्चों पर दया धृष्टि रखती है। इसी ऊहापोह में किसी को पता ही नही चला कि खाना ख़त्म हो गया। माँ के रसोई में खाना कुछ बचा ही नही। सभी को माँ, एक– एक निवाला अपने मुँह की काट, बड़े प्यार से खिलाती। अपने बारे सोचने में असमर्थ हो जाती।

धीरे धीरे शिला के मेहनत से घर की हालात में सुधर होने लगी। मेहनत लगन रंग लाता है। जीवन में धैर्य लाना बहुत जरूरी है। धैर्य रखना इससे ज़िंदगी का माने बदल जाता है।

राजस्थानी औरतें

राजस्थानी औरतें एक चबूतरा पर, सर पर पल्लू डाले, कोई साड़ी, तो कोई गाउन में, बैठी आपस में बातें कर रही थी। अचानक नज़र पड़ी रमा पर। हाय रे दाईया अरे, अरे रमा को देखो क्या फराटे से स्कूटर चला रही है। साथ में अपनी देवरानी को भी बैठा कर कहीं जा रही थी। रमा के दो बच्चे भी साथ में। एक बेटी गुड़िया, एक बेटा गुड्डा। सर पर पल्लू लिए दोनो देवरानी जिठानी स्कुटी पर बाज़ार कर लौट रही हैं। चार औरतें एक चबूतरा पर बैठी। आश्चर्य से रमा को निहार रहीं थी। सभी सर पर घूँघट डाले हुई हैं।

स्कूटर चलना सीखा। पति ने साथ दिया। हाँ शुरू शुरू मुश्किलों का सामना, अवश्य करना पड़ा। पर रमा के पति रमा से बेहद प्यार करते थे। एक बार रमा ने अपनी इच्छा ज़ाहिर की थी स्कूटर सीखने की परंतु अपनी सासु माँ के डर से कुछ बोल नही पायी। एक दिन खिड़की पर खड़ी रमा ध्यान मगन थी। पति ने आवाज़ लगाई परंतु रमा के कान में जूँ तक न रेंगा। आख़िर बात क्या है। जा कर देखा ऐसे किसी ख़्याल में ध्यान मगन थी। आख़िर ऐसी क्या बात हो सकती जो रमा को इतना झकझोर रहा था। उसे मेरी आवाज़ तक सुनाई नहीं पड़ रही। रमा के पति राजेश, पास आ कर कान के पास आवाज़ लगाई। रमा चोंक गई। पलट कर देखा, पति राजेश पास ही खड़ा है। क्या बात है बड़े प्यार से रमा के पीठ पर हाथ फेरते हुए पूछा। रमा अपने पति से बेहद प्यार करती थी। राजेश भी अपनी पत्नी के चेहरे की एक– एक शिकन को भाँप लेता थे। सोचा अवश्य ही कोई ख़ास बात होगी। राजेश रमा को पास बिठा .. प्यार से सहलाते हुए जानना चाहा रमा के मन की बात। रमा ने वर्षों से संजोयी अपनी मन की बातें पति को बता दी कि उसे स्कूटर चलाने की बड़ी तमन्ना थी। पति राजेश पत्नी की हर इच्छा को पूरा करना चाहता था।

अत: ठान लिया, पत्नी की इच्छा को पूरा करेगा। अब समस्या थी अपनी माँ को मानने की। माँ का कहना है बहु घर के अंदर रह घर के काम में हाथ बटाए। बाहर मर्दों का काम है गाड़ी सवारी चलाना। राजेश ने इक तरकीब निकाली। रमा से कहा क्यूँ न तुम सबेरे पाँच बजे सुबह, मेरे साथ बाहर चलो, मैं तुम्हें स्कूटर चलना सिखा दूँगा। माँ को भी पता नहीं चलेगा और तुम्हारी इच्छा भी पूरी हो जाएगी।

रमा सबेरे प्रात:उठ तैयार हो निकल पड़ती। एक घंटा में घर के अंदर। सासु माँ तो छ: बजे उठतीं फिर रमा अपने घर के काम मैं व्यस्त हो जाती। दिन बीतता गया। समय गतिमान होता जा रहा।

चक्र की गति तेज़ी से बढ़ी। देश दुनिया में इक जानलेवा संक्रामक का जाल चीन ने बिछा दिया। जिसके चपेट में पूरा संसार डूबने लगा। भारत अछूता कैसे रह पता। इतनी घनी आबादी वाला भारत देश। कोरोना मकड़ी बन जाल पूरे देश दुनिया में फैला दिया। बढ़ता ही गया और अपने पराए सब एक दुसरे से दूर होते गए। एक दिन काल रमा के घर को न छोड़ा। अचानक रमा के पति राजेश की तबियत ख़राब हो गई। नाज़ुक स्थिति में उसे अस्पताल ले ज़ाया गया। पर राजेश के रास्ते पर ही प्राण पखेरू उड़ गए, और रमा को बेसहारा छोड़ चले गए। अब घर में बूढ़ा ससुर क्या क्या करे। उम्र काफ़ी थी।

एक दिन रमा ने हिम्मत कर कमर कस ली और बाहर के हर काम को चंद मिनट में निबटा देती और घर के काम में भी पूरी तन्मयता से जुड़ी रहती। बच्चों को स्कूल पहुँचना, लाना बड़े आराम से कर लेती।

एक दिन अपनी देवरानी और अपने दो छोटे बच्चे, एक बेटा और एक बेटी के साथ बाज़ार से घर जा रही थी। रास्ते में चार पाँच औरतें रमा को स्कूटर चलाते देख बातें बनाने लगी। आपस ही आश्चर्य से निहारने लगी।

घर आई, सास ससुर बहुत खुश हुए। आज सभी का सर रमा ने गर्व से ऊँचा कर दिया। औरतों के लिए संदेश दिया। हिम्मत कभी नही हारना। पैरों पर खड़ा हो, ज़िंदगी सुगम हो जाती।

ज़िंदगी में हिम्मत साहस और धैर्य रखें, ज़िंदगी निखर जाएगी। जैसे रमा ने अपनी ज़िंदगी में बदलाव ला, घर की बागडोर सम्भाल ली।

आज दुनिया में औरतें अपने हुनर का परचम लहरा रही है। सहनशक्ति और धैर्य से मुक़ाम ढूँढे, अवश्य मिलता है। हिम्मत से आगे बढ़ें मंज़िल पास है।

बिटिया का तोता

भवानी बिटिया एक तोता पाल रखी थी। पर कभी उसे पिंजरा में बंद नही करती थी। जब चाहे तोता पिंजरा में घुस जाता, जब चाहे बाहर आता। भवानी बिटिया उससे बहुत प्यार करती थी। उसके बिना रात दिन उसके लिए अंधेरा था। अपने तोता को प्यार से मीटु कहती थी। एक दिन अचानक मीटु कही चला गया। दिन बीते महीना दो महीना, पर वो नही आया। अब भवानी बहुत उदास रहने लगी। परंतु उसे विश्वास था एक दिन मेरा मिटु जरुर आएगा। इसी आशा में प्रति दिन छत पर जाती, फिर उदास हो वापस आ जाती। भवानी कितने दिनों से यूँ उदास रहती थी। उसे अपने भाई की बड़ी याद आ रही थी। वो कहाँ होगा, किस हाल में होगा, खाना मिला होगा कि नहीं, इसी उलझन में रात दिन डूबी रहती। पर करे भी तो क्या? फोन भी नही। इस स्थिति में क्या करूँ। रात दिन छत पर बैठी रहती, कौन सुनता है उसकी बातें, किस से करे मन की बात। उदास हो सुने में निहारती रही।

इतने में भवानी का तोता उड़ता हुआ आया, भवानी जिसे अपने भाई से भी ज्यादा प्यार करती थी। उसे अपना भाई ही बना लिया था। पर न जाने एक दिन क्यूँ वो उड़ गया, मुझे अकेला छोड़ चला गया। उदास भवानी नीले रंग पर, सफ़ेद चेक की स्कर्ट, पीले रंग की ब्लाउज़, हाथ में सफेद रंग की कड़ा, पहने, बैठे किसी के इंतज़ार में उदास थी। मन ही मन अपने भाई मिटु को याद करती। वो क्यूँ छोड़ चला गया। तभी मीटु कहीं से उड़ता हुआ उसके पास आ गया। बाँचा खिल गई भवानी की। देखा मीटु कही से उड़ता हुआ उसके पास आ बैठा। मीटु कैसे आ गया। भवानी के ख़ुशी से आँखें भर ली। आज राखी का दिन है और उसका भाई ऐन मौक़े पर न आये। ये मुमकिन नहीं। भवानी उस से बड़े ख़ुशी से हाल पर चर्चा कर रही थी। भवानी बातों की झरी लगा दी। फिर राखी उसके, पैर पर बांध दी। भवानी बहुत खुश थी। फिर से छोड़ न जाने का वादा लिया। पर एक पंछी को पिंजरे में कैद कर रखना सही नहीं। अपनी पसंद से विचरते रहना मन की ख़ुशी है। बांध कर रखना ठीक नही। अपनी अपनी आजादी में जीने का अधिकार सभी को मिलना चाहिए। चाहे वो मानव हो या पंछी। यही सोच भवानी मिटु को फिर से आने का वचन ले उसे आज़ाद कर दिया था। कभी पिंजरा में बंद नहीं किया।

किसी को कैद कर रखना जुल्म है। प्रत्येक प्राणी को अपनी आज़ादी से जीने का अधिकार है। चाहे वह मानव हो, जानवर या पक्षी। जैसे छोटी सी बच्ची भवानी की सोच है, सभी को वैसी सोच रखनी चाहिए।

प्यारी प्यारी दादी माँ

बहुत दिनों से रिंकु रिंकी अपने दादी माँ से मिल नहीं पाए थे। बच्चे दादी माँ से बहुत प्यार करते थे। हो भी क्यूँ न। दादी अपने बच्चों के बिना रह नहीं पाती थी। लेकिन ये कोरोना ने तो सब की ज़िंदगी में मानों तबाही मचाने की ठान ली थी। लेकिन बच्चे बड़े स्ट्रोंग थे। थोड़ा माहौल ठीक हुआ। रिंकु रिंकी दादी माँ के पास जाने की ठान ली। माता पिता से ज़िद्द कर बैठे कि अब कोरोना का ख़तरा कम हुआ देख गाँव जा कर दादी माँ से मिलेंगे ख़ुशामद करने लगे। अपने मात-पिता से। गाँव का माहौल देखकर बच्चे ख़ुश हो रहे थे। बहुत सुहाना लगता गाँव का दृश्य। बाग बगीचा में जा पेड़ से खुद फल तोड़ खाने की बात ही कुछ और थी। माता ऋचा पिता रितेश से रिंकु रिंकी ने ममी पापा से ज़िद्द कर गाँव जाने की बात मनवा लिए। फिर क्या था, तरह -तरह की चीजें दादी की पसंद की चीजें ले जाने की तैयारी में लग गए।

आख़िर वो घड़ी आ ही गईं। माता पिता के साथ रिंकु और रिंकी दादी माँ के पास अचानक पहुँचे। दादी माँ अपने पोता पोती को देख ख़ुशी से फुले न समा रही थी। दोनो बाँह फैला बच्चों को आग़ोश में भर लेना चाहती थी।

बच्चे भी दादी माँ को देख ख़ुश हो गए पर आश्चर्य से दादी को निहार रहे। बच्चे बाहर से आए हैं इसीलिए तुरंत दादी से नहीं लिपट पाए। कारण कोरोना काल में बाहर से आने से, पहले हाथ पाँव धो कपड़े बदल तब पास आना चाहिए। इसीलिए बच्चे दूर से ही निहार रहे दादी माँ को। दादी बच्चों को देख बहुत ख़ुश हो गई। दादी गुलाबी रंग की जैकेट पहनी हुई है, आफ वाइट सड़ी पहने हुई है।

घर में बुजुर्ग का होना कितना अच्छा लगता। ये रिंकु रिंकी के ख़ुशी से पता चलता है। बुजुर्ग घर की शान होते उनका मान सम्मान करना परम धर्म होता। बच्चे हमेशा अपने माता पिता को देखा है दादी का मान सम्मान करते हुए। बच्चे दादी से बातें कर रहें थे। दादी माँ कहानी सुना रही थी। बच्चे बड़े ध्यान से दादी माँ की बातें सुन रहे थे। सभी बड़े ख़ुश हैं।

बच्चों का ज़िद्द था दादी माँ अब यहाँ नहीं रहेंगी हमारे साथ रहेंगी। दादी को के कर सभी अपने छुट्टियाँ खतम कर वापस आ गए।

शिक्षा - बड़े बुजुर्ग का सम्मान घर की शान है। बड़े बुजुर्ग घर की रौनक़ है। सदा सम्मान करना चाहिए। बच्चे भी सही राह चलना सीखते हैं।

बेटा की शादी

कल रितेश बाबू अवकाश प्राप्त कर लिए। बेटा रिंकु की शादी थी। दो महीने से तैयारी कर रहे थे। बेटा ठहरा बैंक का मैनेजर। दहेज न लेने की ठानी थी। होने वाले समधी से साफ़ शब्दों में कह गए थे, जो देना हो बेटी को दें। मुझे आपकी कुछ भी चीजें नहीं चाहिए।

रितेश बाबू यही सोचते हुए बाहर आए वहाँ इन्हें अपने ही आफिस का बड़ा बाबू राम जी मिल गया बातें करने लगे अरे राम जी बेटे की शादी है न चिंता लगी है कैसे कैसे तैयारी करूँ। दान दहेज तो लेने से बिल्कुल माना कर दिया। बहु को मैं अपने पास से गहना कपड़ा दे दूँगा। माँग कर मैं नहीं देता। भगवान इतनी सामर्थ्य दी है कि अपनी बहु को दे सकूँ। हाँ मैने समधी से साफ़ कह दिया, आप अपने दामाद के गले में सोने की चेन पहनना चाहते हैं दे दें। मेरे गेस्ट जो आएँगे उनके लिए अच्छे होटल का इंतजाम कर देंगे। आने जाने खाने का इंतज़ाम अच्छा कर लेंगे। बाक़ी उन्हें जो देनी हो दे देना। मेरी इज्जत का सवाल है।

राम जी सुनते रहे। बोले सर मेरा बेटा भी पीओ हो गया है। उसकी भी शादी हो रही है। मैंने भी दहेज के ख़िलाफ़ आवाज़ उठाई थी। मैंने भी अपने होने वाले समधी को कह दिया था हमें कुछ नहीं चाहिए, बहु कमानें वाली है, दोनों की ज़िंदगी बहुत हँसी ख़ुशी से कटेगी। यही मेरी सोच थी।

रितेश बाबू तड़के बोल उठे अरे राम बाबू, शादी में बहुत खर्च है। आप कहाँ तक निभा पाएँगे? राम बाबू तड़के जवाब दिया नहीं सर खर्च जो होगा दोनों मिल बाँट लेंगे। शादी तो करनी है साधारण ढंग से हो जाएगी। माध्यम वर्गीय परिवार हैं, शादी हो जाएगी। बस इतना ही चाहिए। आमिर की शादी नहीं है। हम तो माध्यम वर्गीय है। शादी हो जाएगी। कह राम जी अपने घर चले गए। रितेश जी सोचते रहे साधारण ढंग से भी शादी हो जाएगी।

उनके लिए राम बाबू की बातें घूमती रही। सच ही कहा साधारण ढंग से भी शादी हो सकती है। खड़े सोचते रहे, कितना सही कह गया, अमीरों की चोंचला बाज़ी समझ गए।

दो राहें

ज़िंदगी दो राह पर है। पति राकेश की नौकरी दूर देश में होने के कारण, रीमा अपने दो बच्चे और बूढ़े सास ससुर के साथ अलग रहने लगी थी।

बहुत दिन हो गए थे, राकेश घर नहीं आए थे। आफिस में छुट्टी ही नहीं मिलती। राकेश करे तो क्या करे। मन मसोस का अपने कामों में व्यस्त रहते। राकेश दो साल हो गए, परंतु आने की छुट्टी ही नही मिलती थी। लेकिन इस बार के करवा चौथ पर किसी तरह राकेश को छुट्टी मिल गई। राकेश रीमा को अपने आने की सूचना नही दी। करवा चौथ के दिन राकेश को अचानक देख रीमा ख़ुशी से झूम गई।

आज करवा चौथ का दिन है। राकेश के हाथ जल ग्रहण कर रीमा ख़ुशी से फूले न समा रही थी। घर में राकेश के माता पिता और दो बच्चे हैं जो बहुत ख़ुश थे। बहुत दिनों बाद बच्चे पापा के साथ पिकनिक मनाने बाहर गए। साथ में दादा दादी को भी ले गए। वापस शाम को घर लौट बच्चे पापा के साथ खूब मस्ती करते।

दिन बीत गए अब राकेश जी, जाने की तैयारी करने लगे। सभी काफ़ी मायूस हो गए।

आख़िर वो दिन आ ही गया और आज राकेश को अपने गंतव्य की ओर निकलना था। रीमा पति को छोड़ने स्टेशन गई। चार बजे का समय निर्धारित था ट्रेन आने की। ट्रेन आ गई। राकेश ट्रेन पर सवार हो गए। रीमा नीचे खड़ी हाथ हिलाती रही। राकेश भी हाथ हिला पत्नी का समर्थन कर रहे थे। धीरे धीरे ट्रेन अपनी द्रुत गति पकड़ ओझल हो गई। रीमा भी भीड़ में डूबती गई।

उदास मन से रीमा घर वापस आ गई। सभी रीमा के आने की इंतजारी में थे। रीमा ने बच्चों के साथ फिर अपनी पुरानी ज़िंदगी व्यतीत करने लगी।

जिंदगी में खुश रहना चाहिए। ये ज़िंदगी बड़ी मुश्किल से मिलती है। अपने पराए, आना जाना ज़िंदगी में लगा है। हंसी ख़ुशी निकलें। इसी का नाम ज़िंदगीहै।

मदारी का खेल

एक बार अंदुल गाँव में तूफ़ान आ गया। रमाकान्त का घर उजड़ गया। घर बार सारा ध्वस्त हो गया। अब क्या करे। कैसे घर परिवार का लालन पालन करे। उदास यूँ ही बैठा सोच रहा था की एक बंदर का जोड़ा सामने उछाल कूद कर रहा था। रमाकान्त जी ने सोचा क्यूँ न इसे रख लें, इस जोड़ा का खेल दिखा कुछ पैसा कमा लूँ। घर बार चल जाएगा। यह सोच रमाकान्त जी ने बन्दर बंदरिया को साथ रख, खेल दिखाना शुरू किए। पहले तो बंदर बंदरिया खेल दिखाने को तैयार ही नही होते। इसीलिए रमाकान्त जी ने उनके गले में सिक्कड फाँस दिया। दोनो बड़े आश्चर्य से अपने मलिक को देख रहे थे।

मदारी (रमाकान्त) ने रंग बिरंगे पक्षी भी फाँस रखे थे। एक बुलबुल को डंडे पर बैठा बंदरिया को दिखा, खेल कर रहे थे। बंदरिया को भी नाच करने की प्रलोभन दे रहे थे। दूसरा बंदर दूर बैठे तमाशा देख रहा था।

दोनों बंदर बंदरिया को ज़ंजीर में फँसना अच्छा नही लग रहा था। इसीलिए दूर बैठे अपने मलिक को निहार रहा था। गले में फाँस के कारण बंदर बंदरिया उदास हो दूर- दूर बैठा निहार रहा था उसे अपने मलिक ओर तरस आ रहा था की जिसे हमलोगों ने नाच दिखा इनका पेट भरा आज वो हमलोगों को गले में फाँस दिया है। नन्ही चिड़िया को तो छड़ी में यूँ ही खुला रखा है फिर क्यूँ हनें फाँस दिया। उदास बैठी रही। क़ादरी उसे नाचने के लिए प्रलोभन देता रहा।

कभी अन बोलता प्राणी पर जुल्म नही करनी चाहिए। जानवर तो अपने मलिक के प्रति बहुत वफ़ादार होते हैं। उन्हें उनकी आज़ादी छीनना जुल्म है। उन्हें उनकी जगह में ही रहने दें।

लगन

बेचारा बबलू क्या करे। घर की ग़रीबी की मार, सर चढ़ कर बोल रही थी। गरीब घर की हालत और तब ख़राब होती, जब घर का मुखिया ही आँखें बंद कर ली। कमबख़्त कोरोना ज़ालिम कितनों का घर लूटा था। उसी में एक घर बबलू का भी था। पिता, कोरोना के चपेट में आ गए थे और अपनों को बेसहरा कर गए। दो भाइयों की ज़िम्मेदारी सर पर आन पड़ी थी। माता काम की खोज में दर –दर भटकने लगी थी। बेचारा बबलू, घर की हालात, देखते हुए स्कूल जाना छोड़ दिया था।

अब बेचारा क्या करता? माँ काम पर चली जाती थी। दो चार पैसे की, कमाई से घर चल रहा था। स्कूल की फीस नहीं देने के कारण स्कूल से नाम काट दिया गया था। पढ़ाई में बबलू मेधावी छात्र में आता था।

अपने साथियों को स्कूल जाते देख मन मसोस कर रह जाताथा। उसने पढ़ाई पूरा करने की ठानी थी। दिन भर के कामों से छुट्टी पा रात को लैम्प पोस्ट की रौशनी से पढ़ाई करता था। घर की स्थिति ठीक न होने की वजह से, घर में लैम्प जलाने की सुविधा भी नहीं थी। रात को लैम्प पोस्ट की रौशनी से पढ़ाई करता था। सुबह भाई बहनों की देख रेख में बिताता था। माँ काम पर चली जाती।

देखते देखते परीक्षा की घड़ी आ गई। प्रधान अध्यापक प्राइवेट परीक्षा देने की अनुमति बबलू को दी थी क्योंकि बबलू एक सफल छात्र था। परीक्षा समाप्त हो गई, परीक्षा फल की घड़ी आ गई थी। परीक्षा फल प्रकाशित हुआ।

ये क्या?, बबलू ने प्रथम स्थान प्राप्त कर उत्तीर्ण हुआ। प्रधान अध्यापक जी ने बबलू की फीस माफ कर, फिर से स्कूल में नामांकित किया था। लगन हो तो राह बदल जाता है। मेहनत हो तो मंज़िल मिल ही जाती है।

विदाई

अभी अभी तो शादी हुई रमाकान्त जी की। शादी के एक साल हुए कि बीबी पेट से आ गई। दोनो काफ़ी खुश थे। नौकरी का दाख़िला आर्मी में दिया था। परंतु परिणाम आने बाकी थे। साल भर से अटका पड़ा था रिज़ल्ट।

रमाकान्त जी ने सोचा ..चलो अच्छा है, बेबी आ जाए, तब पोस्टिंग की खबर आएगी, बहुत अच्छा रहेगा। बहुत मस्त ज़िंदगी चल रही थी, दोनों की। रमाकान्त जी की बीबी का अंतिम महीना चल रहा था। कुछ दिनों की और बात थी।

अचानक घर की घंटी बजी.. रमाकान्त जी ने दरवाज़ा खोला। पोस्टमैन .,, खुश हो गए। आज ज़रूर कोई खुश खबरी आई हो। लिफ़ाफ़ा ले दरवाज़ा बंद कर अंदर आ गए।

आराम से बैठ लिफ़ाफ़ा खोला। ख़ुशी से उछल पड़े। अपनी बीबी रमा को आवाज़ लगाई। अरी सुनती हो क्या बात है, बड़बड़ाती रमा बाहर आई। पति ने बताया मेरी पोस्टिंग हो गई है। एक साल के बाद परिणाम आया था मुझे कल ही जाना होगा। सीमा पर पहली पोस्टिंग मिली है। मुझे जितनी जल्द हो निकल जाना पड़ेगा। रमा के तो जैसे पैर तले धरती धीसक गई। बेचैन हो गई। अभी ही आनी थी। इतने दिनों से इंतज़ार था, कमबख़्त आया भी ऐसे मौक़े पर।

रमाकान्त जी जाने की तैयारी में जुट गए। वो घड़ी आ गई , जब रमाकान्त जी को, अपनी पत्नी रमा से, विदाई लेने की। रमा ने भी भारी मन से पति को हाथ हिलते हुए बिदा कर दी। लेकिन ख़ुशी और दु :ख दोनों एक कड़ी से बांध गए। क्या करूँ,, रमा को हल्की दर्द महसूस होने लगी। फिर भी भारी मन से पति को बिदा किया। पति सीमा सुरक्षा की बीड़ा उठाई है, वो ज़िम्मेदारी घर परिवार की ज़िम्मेदारी से बढ़ कर होती है। यही सोच लिए रमा ने पति को हाथ हिलते हुए बिदा कर रही थी।

घड़ी तो बहुत ही असह्य थी, परंतु देश के लिए, अपना कर्तव्य सर्वोच्च है, यही सोच लिए रमाकान्त की ने पत्नी से विदाई ली। पत्नी रमा ने भी हाथ हिलते धैर्य रखते हुए, विदाई दी। देश की रक्षा सभी धर्मों से उच्च है। देश की ज़िम्मेदारी सर्वपरि है। परिवार में सभी के प्रेम भाव से ही देश सेवा का कार्य सम्पन्न हो पता है। जैसा कि रमा ने उदाहरण पेश किया, पति रमाकान्त जी को बिदा कर।

सबला

लाल बाबू और रमा बड़े प्यार से रहते थे। शादी के कुछ साल ही हुए थे। रमा घर के काम कज में दिनभर जुटी रहती। सारे कामों से निबट पति की राह देखा करती थी। उसे ज्यादा ताक झांक की आदत नहीं थी।

एक दिन लाल बाबू ने सोचा, बेचारी रमा दिन भर घर पर ख़ाली बैठी रहती है, कुछ काम काज करे तो मन बहाल जाएगा। यही सोच लाल बाबू ने उसे मुखिया के चुनाव में खड़ा कर दिया। भगवान की कृपा से रमा ने, मुखिया का पद जीत लिया। अभी लाल बाबु शपथ दिला घर आए। घर आते ज़ोरों की भूख लगी है कुछ खाने को दे दो।

रमा थकी हारी, वो भी तुरंत रसोई का काम। उसने झल्ला कर पति से कहा, मैं भी थक गई। कुछ काम में हाथ बटा देते तो अच्छा होता.. बड़बड़ाने लगी।

पति ने आव देखा न ताव। झट उठ एक चाँटा पत्नी के गाल की ओर, जड़ दिया। पत्नी ने भी उल्टे हाथ लगा दी। पति हक्का बक्का सा पत्नी को निहारने लगा।

पत्नी ने कहा ., मैं अब मुखिया बन गई। औरतों का जुल्म बर्दाश्त नहीं किया जाएगा। तो क्यूँ न अपने घर से ही मुहिम की शुरुआत हो। औरतें अब सबला हैं, अबला नहीं। अब कोई पति, पत्नी की ओर आँख नहीं उठा पाएगा। पत्नी लाल बाबू से ऊँची आवाज़ में, बातें कर निकल पड़ी, अपने नए कार्य भार सम्भालने हेतु।

सजग

रमाकान्त जी अपनी दो बच्चे और पत्नी के साथ बहुत आराम की ज़िंदगी बसर कर रहे थे। बच्चे बड़े होने लगे, धीरे –धीरे पढ़ाई में खर्च आने लगा। बच्चे बड़े हो गए, पढ़ाई के लिए रमाकान्त जी लोन लेने लगे। पत्नी ने मना किया कि ऐसा न हो कि हम कर्ज में डूब जाएँ और उतार ही न सके। पार्टी रमाकान्त जी ने पत्नी रमा को समझाया, अरे पगली कल को बच्चे पढ़ लिख तैयार हो जाएँगे, फिर कर्ज कैसा। हाँ बच्चे की पढ़ाई रंग लाई और दोनो बच्चे डाक्टर बन गए। अब ऊँची शिक्षा के लिए विदेश जाना है। पिता ने उसका भी इंतज़ाम कर बच्चों को विदेश भेज दिया। जहाँ उनकी पढ़ाई ख़त्म हुई और बच्चों ने वही किसी विदेशी से शादी कर की। अब बच्चों के पास समय कहाँ था।

रमाकान्त जी की सेवानिवृत्ति हो गई। घर की आमदनी कम हो गई। खर्च में कटौती होने लगी। एक दिन अचानक रमाकान्त जी बाथरूम जा रहे थे, पैर फिसल गया और रामाकान्त जी गिर गए। उनकी पैर की हड्डी चटक गई। रमाकान्त जी बेड पर आ गए। पत्नी रमा अकेले सेवा करते –करते थक गई थी। रमा ने एक दिन बच्चों को फ़ोन पर बताया, पिता के बारे। रमाकान्त जी बच्चों को एक दिन बोले ..तुम लोग कुछ दिन के लिए यहाँ आ जाओ, माँ की मदद करो अकेली पड़ गई है। खर्च भी ज्यादा है। बच्चों ने जवाब दिया –पिता जी काम के लिए किसी को रख लें। हमलोगों के पास समय नहीं है, काम की व्यस्तता बहुत है। पिता ने कहा ठीक है बच्चों। एक बात याद रखना कल तुम भी पिता बनोगे। मेरी शुभकामना तुम्हारे साथ है।

पेड़ की कहानी पेड़ की ज़ुबानी

पेड़ कहे मैं अपनी कहानी इस मानव जाति के बीच क्या रखूँ, जो हमारी दर्द को कभी अपना बनाया ही नहीं। जब मैं छोटा था अंकुरित हो पौधा बना। धरती माता ने और असमान पिता ने सिंच कर मुझे बड़ा कर वृक्ष बना दिया। मैं भी उनके एहसान को भुला नहीं और मानव जाति की सेवा में जुट गया।

थके हारे पथिक को विश्राम करने के लिए छाया करता। दूषित वायु को शुद्ध कर मानव को जीवित रहने में मदद करता। पंछियों को बसेरा देने लगा।

लेकिन हाय क्या कहूँ?अपनी दुखती रग पर हाथ धर तमाशा देखता रहा। वृक्ष के रूप में सुकून से जी रहा था कि देखा एक दिन कुछ गाँव की औरतें आ कर मेरे रूप रंग बिगाड़ कर मेरी कुछ टहनियाँ काट डाली और एक मज़बूत रस्सी से बांध कर सर पर रख घर ले गई जहाँ मुझे आग में झोंक दिया गया। तब भी मैं उनके हित के लिए जलता रहा और मुझ पर रोटियाँ सिकती रही।

बुरा तब लगा एक दिन जंगल में पाँच-दस बाँका जवान हाथ में कुल्हाड़ी लिए बढ़ रहे थे। देख कर भयभीत था पर बेज़ुबान था। निरीह आँखों से देखता रहा, मन ही मन रोता रहा। पर ये निष्ठुर मानव बेदर्दी से कुल्हाड़ी से अंधाधुंध वार करने लगा। थोड़ी देर में धराशायी कर दिया। उस पर से टहनियों को काट-काट लुल्हा लंगड़ा बना दिया। दर्द बहुत हुआ पर बिलखता रहा, पर किसी ने एक न सुनी। हाय मैं क्या कहूँ? मैं तो एक अधकटा वृक्ष हूँ। लोगों ने न मुझे मरने दिया, और न जीने दिया।

मैंने कितनी पुरानी यादों के तहत अपनी ख्वाहिशें, मनुष्य के समक्ष रखा, पर क्या कहूँ यारों, ये नादान है, कहाँ समझे मेरी भाषा। कहाँ उन्होंने मेरे दर्द को समझा। दर्द पर दर्द देते गए फिर भी अधकटे धड़ को भी नहीं छोड़ा।

कुल्हाड़ी की मार से मुझे घायल कर लहुलूहान कर धरा पर पटक दिया, और धराशायी मैं हो गया। उस कटे धड़ पर भी मनुष्य जाति ने सुकून नहीं दिया। कुल्हाड़ी, आरी चला मुझे काट डाला, और अपने घर की शोभा बना डाला। घिस-घिस कर चिकना कर दरवाज़े खिड़की का रूप दे मेरी औक़ात ही क्षिण कर दी।

मेरी वजूद ही मिट गए और मैं निडाल बन निहारता रहा, अपनी बदनसिबी पर रोता रहा। दु:ख दर्द सहता रहा। परंतु मानव जाति को तरस नहीं आई अपने कारनामों पर।

पेड़ ने मानव जाति के लिए क्या नहीं किया। तपती धूप से छाया दे बचाया। बरसात में भीगते को राहत दिया। पंछियों को बुला उनका घोंसला बना उन्हें पत्तियों के बीच पनाह दी। पर ये मानव उन पक्षियों को भी नहीं बक्सा। उनको मार–मार कर थैला में भर ले गए। पेड़ का हृदय विदीर्ण हो रहा था, मानव के कारनामे को निरीह हो निहारता रहा। वश नहीं चला, आँसू बहाता रहा। लेकिन भगवान के आगे कोई भी नहीं बच सकता। हुआ भी वैसा ही। तेज बारिश हुई और पुराने वृक्ष उखड़ गए और पानी के तेज प्रवाह में बहने लगे। पानी की गति बहुत तीव्र थी, हर बांध को तोड़ते हुए गाँव में प्रवेश कर गया और पूरे गाँव को देखते–देखते लील लिया। कहते हैं न भगवान के यहाँ देर है अंधेर नहीं। जो मानव बेज़ुबान पर जुल्म करते उन्हें भगवान की ओर से ऐसी सजा मिलती है। इसीलिए अपने ताक़त का उपयोग बेज़ुबान कमजोर पर न करें। एक हाथ देना एक हाथ लेना होता है।

मानव भी कटे वृक्ष की तरह विवश लाचार हो जाता इस बुढ़ापे में। आंसू बहाने के सिवा कुछ बचा नहीं। अपने भी पराए हो जाते हैं एक कटे पेड़ की तरह।

शिक्षा ही जीवन है

एक गाँव, जहाँ स्कूल, अस्पताल कुछ भी नज़र नहीं आता। उसी गाँव की एक लड़की मीरा, जो पढ़ाई करने शहर अपनी मासी माँ के पास आ गई थी। शिक्षा पूरी हुई, वहीं एक स्कूल खोलना चाहती थी। पर पिता के आदेशानुसार, गाँव में ही स्कूल खोलने की गुज़ारिश की। गाँव के बच्चे कुछ भी पढ़ लिख नहीं सकते। इसीलिए गाँव के उत्थान के लिए शिक्षा अति आवश्यक है, और वो पढ़ी-लिखी लड़की ही कर सकेगी। इसीलिए मीरा से पिता ने तथा गाँव वाले ने आग्रह कर गाँव बुला लिया। मीरा गाँव आकार गाँव के बच्चे बूढ़े सभी को शिक्षित करने की ठान ली। घर-घर जा बच्चों को इकट्ठा किया और पेड़ की छाया तले अपनी स्कूल तैयार कर लिया। एक ब्लैक-बोर्ड लगा ली, और बच्चों को पढ़ना शुरू कर दिया।

आज मीरा के प्रयास गाँव शिक्षित होने लगा। धीरे-धीरे बच्चे पढ़ लिख कर शहर जाने लगे नौकरी के तलाश में। लेकिन मीरा ने समझाया, अपने गाँव के उत्थान के लिए गाँव में ही रह कर विद्यालय, महाविद्यालय खोलेंगे। आधुनिक तरीक़े से खेती कर पैदावार बढ़ाएँगे। अपने गाँव का नाम हम सब मिल कर बढ़ाएँगे।

मीरा के इसी प्रयास से गाँव आज एक विकसित गाँव बन गया। तो प्रयास से, मंज़िल तय करना, आसान होता है। शिक्षित होना प्रथम प्रयास, निपुणता लाना अति उत्तम। शिक्षा बिना जीवन अधूरा सार्थक लगता है।

ममता की छाँव

एक विधवा औरत, जो समाज से उपेक्षित हो जाती है। छोटे क़स्बे के लोग उस ममता भरी माँ को डायन शब्द, से नवाज़ कर ममता की मूरत पर सवाल खड़ा कर देते हैं। शायद आज की आधुनिक जगत में कुछ अजीब सा लगता है। पर सच माने गाँव, क़स्बा जैसे छोटे जगह, जहाँ आज भी लोगों में अन्धविश्वास कूट-कूट कर भरा है। जहाँ किसी एक औरत के साथ जीवन में कुछ उलट फेर हुआ, तब तुरंत उसे डायन की उपाधि मिल जाती और वह, समाज से उपेक्षित हो जाती हैं। आज इसी अंधविश्वास से भरी कथा प्रस्तुत कर रही हूँ जो डायन न होते हुए भी इसी शब्द से नवाज़ी गई, और समाज से बहिष्कृत की गई।

बड़ी पुरानी बात है , निमिया ग़रीबी की मारी मध्यम परिवार में जन्मी, छोटे उम्र में माँ बाप ने, दादा जैसे उम्र के लड़के से विवाह कर दिया। देखने में कुरूप, रंग सांवला, आँखें भी कमजोर। ग़रीबी की मार सहते सहते चेहरा का नूर ही चला गया। झूरियाँ भर गई, उम्र का प्रभाव पर अनुभवी, हर संघर्ष से झूझती। फिर भी ममता की मूरत ही है। अम्मा संवेदनाओं से भरी पड़ी थी। आज उन्हें देख आँखे भर आई।

बहुत जल्द ही विधवा हो गई, बाँझींन भी रह गई थी। अपने बच्चे हुए नहीं। पर बच्चों को बहुत प्यार करती। जो मजदूरी कर दो पैसे कमाती, गाँव के बच्चों पर लुटाती।

एक दिन एक बच्चा को दस्त उल्टी हो रही थी। अम्मा (निमिया) ने देख बहुत परेशान हो गई। बच्चे का दर्द, उनसे देखा नहीं जा रहा था। उन्होंने जड़ी बूटी से बनी दवा झट ख़रीद लाई, और बच्चे को खिला दिया। उसके बाद, थोड़ी देर में बच्चे की मौत हो गई। अब बात बढ़ गई। लोग तरह-तरह की अफ़वाह फैलाने लगे। बेचारी निमिया की ज़िंदगी ही पलट गई। लोग उस पर ईंटा पत्थर बरसाने लगे। डायन-डायन की आवाज़ से गाँव गूंजने लगा। लोगों में आक्रोश था। लात घुसें से मार-मार उसे गाँव छोड़ने को मजबूर कर रहे थे। उसी समय पंचायत बुलाया गया। मुखिया ने फ़रमान सुना दिया, .तुम डायन हो, बच्चे को निगल लिया। यथाशीघ्र गाँव से दूर चली जाओ।

निमिया रोती रही, सभी की बातों पर सफ़ाई देती रही। परन्तु गरीब की सुने तो कौन? बेचारी निमिया ग़रीबी तले दबी, गाँव से निकल पड़ी। जिस बच्चे को दिल जान से ज्यादा प्यार करने वाली, आज डायन का ख़िताब ले जी रही। बच्चे डायन-डायन कह पत्थर बरसा रहे थे। निमिया बूढ़ी थी आँखों पर मोटी शीशा वाली चशमा लगी थी। ग़रीबी के मार से दबी, भटकती रही। डायन

का ख़िताब उसके रूह को झकझोरता रहा। सोचती, प्राण भी जठर टूटते नहीं। रूप रंग से डरावनी, आँखों पर मोटी दंडी वाली चश्मा उसकी दंडी भी टूटी रही, कपड़ा लपेट-लपेट उसे आँख पर लगाने जैसा बनाई थी। सुनी आँखों से राह निहारती रही। डायन शब्द कानों को भेदती रही। एक माँ जो खुद नहीं भी माँ बन पाई फिर भी अम्मा शब्द से ही नवाज़ी जाती थी, उन्हें ग़लत कहना दंडनीय अपराध है।

ये छोटे क़स्बे की कहानी आज भी बरकरार है। खास कर आदिवासी इलाक़े में। समाज में ये कुकृत्य को बंद करना बहुत ज़रूरी है। हम साहित्यकार भी कर सकते हैं। निमिया जैसी कितनी निमिया आज भी गाँव में भटक रही है।

सत्य कभी छुपता नहीं

रामू अपने गाँव में माता पिता के साथ बहुत सुखद ज़िंदगी व्यतीत कर रहा था। पिता जो बहुत दिनों से बीमार चल रहे थे, इलाज के लिए पैसे नहीं थे। हालत सुधरने के बजाय धीरे-धीरे बिगाड़ता ही जा रहा था। रामू, माता पिता की परेशानी को देख नहीं पा रहा था। एक दिन मन में विचार किया, मैं कुछ भी कर पिता का इलाज कराऊँगा।

यही सोच ने उसे सेठ के दरवाज़े तक आने पर मजबूर किया। रामू ने सोचा स्कूल के समय में थोड़ा कुछ कमा लूँगा तो पिता जी का इलाज कर सकूँगा। रोज़ स्कूल के समय तैयार हो कर निकलता, शाम को स्कूल छुट्टी के समय घर आ जाता। लेकिन एक दिन अचानक रामू की तबियत बहुत ख़राब हो गई। बुख़ार बहुत तेज था, उतर ही नहीं रहा था।

माँ ने, कितने तरह से काढ़ा पिलाया, पर तबियत ठीक होने के बजाय बिगड़ती ही जा रही थी। माँ बहुत परेशान थी। वैद्य के पास ले ज़ाया गया। परीक्षण के बाद पता लगा उसे पीलिया हो गया है। माँ बहुत परेशान थी, आख़िर ये सब कैसे हुआ।

एक तरफ पिता जी बीमार साथ में बेटा की बीमारी। घर से स्कूल जाना और फिर सीधा घर आना। फिर संक्रामक की गुंजाइश ही नहीं थी। लेकिन कहते हैं न सत्य छुपता नहीं। आख़िर रामू ने अपनी सच्ची कहानी माँ के सामने खोल दिया।

वह स्कूल न जा कर सेठ के यहाँ माल ढोने का काम दिन भर करता था। भूख लगने पर वहीं कुछ दो-चार पैसे से कुछ रास्ता किनारे खा लेता। प्यास लगती कहीं का पानी पी, प्यास बुझा लेता। लेकिन जो दो पैसे मिलते वह घर की ज़रूरतें पूरा करता। माँ समझ ही नहीं पाई, बेटा इतनी मेहनत, पिता की बीमारी के इलाज के लिए कर रहा था।

पिता को स्वस्थ रखने की लालसा से यह काम करना स्वीकारा। सभी स्वस्थ खुश रहें, यही अरमान लिए काम को जाने लगा। रामू झूठ बोलता कि मैं पैसे स्कालर्शिप से लाता हूँ। स्कूल में गरीब बच्चों के लिए ये सुविधा दी गई है कि पढ़ाई अच्छा करने वाले विद्यार्थी को प्रतिदिन दस रुपए मिलेंगे। माँ को रामू ने विश्वास दिला दिया कि ये पैसे स्कूल में ही मिलते हैं।

माँ ने बातें मान ली और घर की हालात भी सुधरने लगी। पिता का इलाज होने लगा। सेहत में सुधार आने लगी। लेकिन कहते हैं न सत्य कभी छुपता नहीं। रामू के बीमार पड़ जाने से, सारा हक़ीक़त सामने आ गया और भेद खुल गया।

लेकिन माता पिता की सेवा करना हर संतान का फ़र्ज़ बनता है। रामू छोटा था पिता भी बीमार

थे। देख भाल दवा के पैसे नहीं थे। रामू ने मन ही मन पिता की हालात देख चिंतित रहने लगा। उनकी सहायता करने के उद्देश्य से छिप कर काम करना शुरू किया।

ये माता पिता के प्रति श्रद्धा और सम्मान दिखता है। साथ ही अपना फ़र्ज़ समझ रामू ने यह कदम उठाया। संतान अपने कर्तव्य पर अडिग रहे, सफलता कदम चूमती है।

मुखौटा

रीमा माँ से ज़िद्द कर रही थी मेला जाने की। पर माँ ने कहा नहीं मेले में लड़कियों के साथ छेड़ खानी बहुत होती है, जाने की ज़रूरत नही। पर पिता ने कहा बेटी बड़ी हो गई है। अपनी सुरक्षा खुद कर सकती है। कहा.. चली जा बेटा पैसे भी रख ले। थोड़ी चाट पकोड़े गोलगप्पे खा आना। रीमा ख़ुशी से पैसे ले मेले की ओर भागी। खूब मस्ती की। सखियों संग खाया पिया।

अब ख़रीदारी की बारी आई। रीमा ने सोचा एक मुखौटा ले माँ को डराऊँगी। देखा मुखौटे वाला चिल्ला रहा था, सीधा सादा मुखौटा लो, डराने वाली मुखौटे लो। रीमा ने सोचा... डराने वाला मुखौटा ले जाती हूँ, पहन कर माँ को डराऊँगी। दुकानदार से कहा ... मुझे डराने वाली मुखौटा दे दो। दुकानदार ने वही डराने वाली मुखौटा दिया। रीमा ने मुखौटा अपने मुँह पर डाला। मुखौटा पहनते ही रीमा की ब्यवहार में परिवर्तन आ गया। वह रास्ते में, ज़मीन पर ही बैठ गई। अपनी सिर को धुनती हुई बड़बड़ाने लगी। मैं खून पी जाऊँगी, मार डालूँगी। लोग कहने लगे, चुड़ैल का साया आ गया है। इसे तांत्रिक से झाड़ फूंक करानी होगी। घर पहुँची तो पिता को ही देख चिल्लाने लगी, ... खून पी जाऊँगी, मार डालूँगी। उनकी ओर झपट्टा मारा। पिता ने बेटी की हाल देख समझ गया, ज़रूर किसी का साया पड़ गया है। इसी मुखौटे की कारिस्तानी है, जो बेटी को अपने चंगुल में दबोच लिया है। किसी तरह पिता ने रीमा के मुख से मुखौटे एक लकड़ी के सहारे गिरा दिया। तुरंत रीमा के व्यवहार बदल गए। कहने लगी क्या हुआ पिता जी, आप परेशान है, कुछ हुआ क्या? माँ ने मुखौटे को दूर फेंक दिया और सभी सो गए।

रात आधी हुई। फिर रीमा ने धीरे से मुखौटा चेहरे पर डाल लिया। फिर शैतान उसकी शरीर पर आ धमका। रात को दरवाज़ा खोल गाँव में भटकने लगी। घर घर घुस मर्दों को मरने खून पीने की धमकी देने लगी। लोग हैरान परेशान होने लगे। किसी की गिरफ़्त में नहीं आ रही थी। लोगों ने सोचा क्यूँ न तांत्रिक से झाड़ फूंक कर शैतान से छुटकारा दिला दूँ। यह सोच पिता ने उसे ज़बरदस्ती तांत्रिक के पास ले गए। वहाँ तांत्रिक ने शैतान से रीमा की शरीर छोड़ जाने को कहा। काफ़ी मिन्नतों के बाद शैतान से छुटकारा पा सकी रीमा।

आगे रीमा ने माता पिता की बातों का अमल कर ज़िद्द न करने की क़सम खाई। ये एक काल्पनिक कहानी है। आज के दिनो में ये सब कुछ नही है न मुखौटा की शैतानी है। कृपया इसे कहानी समझ यूँ ही पढ़े।

बेपन्हा प्यार

पढ़ाई स्कूल की ख़त्म हुई और अब कॉलेज में दाख़िला लेने रूपा गई। वहीं फ़ार्म भरने में एक व्यक्ति ने मदद बहुत की थी। रूप अकेली आई थी दाख़िला के लिए। पता नहीं चल पा रहा था कहाँ जाऊँ, कहाँ फ़ार्म जमा करनी हैं, भीड़ इतनी थी कि समझना कुछ मुश्किल सा लग रहा था। अनजान बंदे के सौजन्य से दाख़िला मिल गया।

अरे ये क्या ..?रूपा ने उस शक्स्त का नाम नहीं पूछा? धन्यवाद भी नहीं दे पाई।

आज कॉलेज का प्रथम दिन था। रूपा काफ़ी घबराई थी, तभी किसी ने कहा –हाय। रूपा घबरा गई, घबराहट में कहा अच्छी हूँ, कह आगे निकल गई। ध्यान आया, यह तो वही व्यक्ति है जिसने मेरी मदद की थी। अब अंदर ही अंदर उथल पुथल मचने लगा। पहली नज़र में ही प्रेम हो गया। तभी नाम जाना राजेश। राजेश बहुत सुंदर सुडौल शरीर वाला व्यक्ति था। सभी लड़कियाँ जान छिड़क रहीं थीं। क्यों न हो, सलमान की तरह पर्सनालिटी वाला लड़के पर सभी लड़कियाँ फ़िदा रहती थी।

लेकिन राजेश, हाँ राजेश नाम था इस व्यक्ति का, उसने अपना दिल सिर्फ़ रूपा को ही दिया। देखते –देखते दोनों प्रेम के डोर में फँस गये। तीन वर्ष तक चलता रहा यह सिलसिला। पढ़ाई समाप्ति पर थी, अब रूपा को समझ आ गया, प्रेम से कुछ होने का नहीं। उसने पढ़ाई समाप्त करते ही, इस बंधन से मुक्त कर लिया अपने को। शादी उसकी किसी और जगह पिता जी ने तय किया, शादी बड़े धूम धाम से ऊँचे ओहदे वाले व्यक्ति के साथ सम्पन्न हुआ। हुआ भी वैसा ही जैसे पिता ने चाहा।

दिन बीते क़रीब दस साल हो गये। अब रूपा अपनी रूप के लिए काफ़ी बेचैन रहती थी। ये क्यों ढलता जा रहा। चिंता में नींद नहीं आती। एक दिन उसने दर्पण में अपने को देख घबरा गई। समय के साथ रूपा भी ढल रहा था। पति पर कभी ग़ौर नहीं किया। अपने को ढलते पाया। मन दुखी हो सोचती रही। पति कमलेश जी सो चुके थे। तभी रूपा ने गौर से पति को देखा। अरे यह क्या, ये भी ढल चुके। मैंने सिर्फ़ और सिर्फ़ अपने लिए सोचा। लेकिन आज पता चला दिन निकल गया, दो बेटे थे। आज एक का जन्मदिन था।

बच्चे के जन्मदिन पर आमंत्रण ले अपने ऑफिस पहुँची। ऊँच पदाधिकारी को भी आमंत्रित किया।

उसमें एक पदाधिकारी के चैम्बर में गई, देखा एक बीहड़ सा व्यक्ति, साथ में पाँच साल के

लड़के का हाथ पकड़े, बिना इजाज़त के रूम में घुस आया। अवाक हो रूपा देखती रही। उसने जब देखा बच्चे को मम्मी कहते और उस व्यक्ति को पापा कहते, बात सीधी समझ में आ गई, ये इनके पति हैं। लेकिन ये क्या ये व्यक्ति उसका राजेश ही था। रूपा ने पूछा ये आपके पति हैं, क्या करते हैं ..महिला पदाधिकारी ने जबाब दिया बेपन्हा प्यार।

रिश्ता टूटा नहीं

रिश्ता जीवन का अहं हिस्सा। संवारना मानव धर्म है। संस्कार से पटा पड़ा परिवार। दरारें न पड़े बस ख्याल रखना अपना धर्म। टूट कर बिखरते फिर सिमटते नहीं। कर्म पते की कर। निंदा से दूर रह सत्कर्म की डगर चल। काँटे बिछे हों, परन्तु मखमली बिछौना बिछा, सत्कर्म की राह दिखा। मीना सारे गाँव में सत्संग कर पाठ पढ़ती। समझ आए तो अच्छी बात, न समझे तो कोशिश जारी।

ऐसे ही मीना जो अपने गाँव की रानी कहलाती। बड़े लाड़ प्यार से घर परिवार को संभाला। धीरे-धीरे सब बिखरने लगे। कोई शहर जाता कमाई के लिए। कोई विदेश जाता पढ़ाई के लिए। लेकिन मीना अम्मा ने अपनी गृहस्थी को पकड़े, सभी को पुचकारती। आँच न आने देती किसी पर। मुसीबत जिसके सिरे पड़े, अम्मा बिलख उठती। दर्द ख़ुद पर महसूस करने लगती। तभी एक दिन हाँ मीना के हाथ से छूट कर वह शीशा, जो कभी मुस्कुराता था, सच्चाई दर्शाता था, आज न जाने कैसे हाथ से फिसल गया। गिरा भी तो टूट गया। अवाक हो मीना निहारती रही। वह सारे टुकड़े मीना को देख कराहने लगे। उसने झुक कर एक छोटे टुकड़े को उठाना चाहा, लेकिन पास पड़ा बड़ा टुकड़ा सिसकने लगा। यारा मैं बड़ा हूँ। मुझे उठाते तो मैं सँवर जाता। मीना भी हिचकिचाई। नीचे गिरे सारे टुकड़े निरीह आँखों से निहारने लगे। दर्द सभी को बराबर हो रहा था। बस छोटे-बड़े की बात थी। मीना ने झुक कर सारे छोटे-बड़े टुकड़ों को अपनी आँचल में समेट लिया। सभी आपस में एकजुट होना चाहते, पर दरारों की ठेस थी। यारों फिसलने न दो रिश्तों को। टूट कर कराहते रहेंगे। सयंम

पुस्तक

हाँ चाहे जितनी पुस्तक पास हो फिर भी रीता कितनी किताबें ख़रीदा करती थी। एक दिन मौका मिल गया। सवाल कर बैठी एक सहेली जो रीता की अति प्यारी, नाम था रीमा। जो बचपन से आजतक पास-पास रह एक साथ पढ़ना कॉलेज जाना होता था। मानों उठना-बैठना साथ-साथ था। आख़िर अपनी सहेली रीता से बड़े दबे जबान से सवाल कर ही डाला। क्यों पैसे बेकार में बर्बाद करती हो। इसने पुस्तक हो गए। पढ़ने का समय कहाँ से लाती हो। पढ़ाई का लोड कितना ज्यादा है। फिर कहानी कथा कहाँ से पढ़ पाओगी। रीता अपनी सहेली रीमा को एक टक देखती रह गई। इतनी पढ़ाई में अच्छी है फिर पुस्तक से क्यों चिढ़। पुस्तक जीवन का आधार है। सबसे अच्छा साथी पुस्तक होता है। क्या इतनी सी बातें तुम्हें समझ में नहीं आती। मेरी किताबें मेरी जान से ज्यादा प्यारी है। इसके लिए उल्टी सीधी बातें सुनना मुझे अच्छा नहीं लगता, कह रीता दूसरे कमरे में चली गई। चादर तान बिस्तर पर लेट गई।

दो दिनों से वारिश तेज हो रही है। सभी बड़े परेशान थे घर बहुत पुराना था। वारिश का पानी ऊपरी छत से रिसना शुरू हो गया। रीता को चिंता अपने किताबों के लिए ज्यादा थी।

उसने मन ही मन अपनी सहेली रीमा की बातें याद आने लगी। उसने ही मेरी किताबों पर बुरी नज़र डाला। पानी इतना ज्यादा रिस रहा था कि सोना मुहाल था। दूसरे कमरे में बिस्तर लगानी पड़ी रीता को। घनघोर वारिश के कारण देर रात से सोने के कारण रीता देर तक सोती रही। नींद खुली तब जब माँ ने कहा पूरी किताब गीली हो गई। कितनों के पन्ने फटने लगे। उदास रीता अपनी पुस्तक को आँसू भरे निशब्द खड़ी देखती रह गई। समझ नहीं आ रहा था अब क्या करे। इतनी भारी संख्या में पुस्तक है कैसे उसे सँभालूँ, नयनों से नीर टपकाते हुए अँकवार बैठ गई।

लेखक परिचय

नाम	- **विभा वर्मा 'वाची'**
पति	- श्री अरुण कुमार वर्मा GM Rtd MECON
पिता	- स्व श्री कामेश्वर प्रसाद वर्मा
माता	- स्व श्रीमती शान्ति वर्मा
जन्म	- 11 दिसंबर
शिक्षा	- BA Honrs, MA -इतिहास प्रभाकर क्लासिकल म्यूज़िक प्रयाग संगीत समिति इलाहाबाद बंग भारती - कोलकाता लाइट म्यूज़िक तबला -बंग भारती कोलकाता।
सहभागिता	- लगभग पचास से भी अधिक साझा संकलनों में सहभागिता कर चुकीं हैं एवं छंद विधा में भी लेखन कर रहीं हैं। छः गोल्डन बुक एवं लिमका बुक रिकार्ड में नाम दर्ज। अशोक चक्र अवार्ड में साझा संकलन जनरामायण, कृष्णायान, शिवायन और अब गीतायन जैसे ग्रंथों में भागीदारी। झारखण्ड राज्य की विशेषताओं पर विशेषांक साझा संकलन 'छंदमाल्य' में सहभागिता।
सम्मान	- अनेक सम्मान से सम्मानित। पत्र पत्रिकाओं में रचनाएँ प्रकाशित।
एकल प्रकाशन	- पाँच एकल संग्रह प्रकाशित - (1) काव्यारूण, (2) बचपन की उड़ान, (3) काव्यांजली, (4) दोहों की गूंज

परखना जरूरी छै

आदमी रॅ आदमियत कऽ
जगाना बहुत जरूरी छै
भाय भाय मॅ जे दूरी छै
मिटाना बहुत जरूरी छै

सड़क दुर्घटनामँ घायल कऽ
अस्पताल जरूर पहुँचाब तों
आदमी छॅ त आदमी रॅ
काम आना जरूरी छै।

की अच्छा छै की खराब
सबके ई समझाबै लॅ
हर घर रॅ हरेक बच्चा कॅ
पढ़ना बहुत जरूरी छै।

आँख मूनिकॅ कोयभी बात
हरगिज नय मानो तोंय
इ दुनिया बहुत धुर्फन्दी छै
परखना बहुत जरूरी छै।

दोहा

पूजा पाठो सॅ कुच्छून् भेटथौं मेहनत देथौं काम
गोड़ हाथ चलैयभऽ नय तॅ की करथौं राम

चाल चलित्तर बढ़ियां राखभत् कहियो दुख नै होथौं
बेला बकतम् टोला समाजऽर लोग भी साथ देथौं

बड़ऽ बुजुर्गर आदर करभऽ तॅ बढ़ियां लोग कहैबऽ
तहूँ खुब्बे आदर पैभऽ जेकरा हां भी जैभऽ

बच्चा चिल्काक पढ़ाय लिखाय कॅ तालिम जौं दिलैभऽ
नौकरी चाकरी भेटी गेल्हौं तॅ मौज खुब उड़ैभऽ

धनर बढ़लो बढ़ियां छै मनर बढ़लो बढ़ियां नय
लोगर कहिला सुनला पॅ फुस बात पॅ लड़िय नय

गरीब गुरवा क झूठमुठ रॅ फालतू मॅ तोंय सतावो नय
धन-दौलत आरू बाहुबल सॅ बेमतलब उधियाबो नय

दु रोटी खिलावऽ त जानिहौं

जेकरॅ घरॅम् छप्पर नय छै
ओकरॅ तिरपाल बनऽ त जानिहौं।

जेकरा कुच्छू लौकय नै छै
ओकरॅ मशाल बनऽ त जानिहौं।

सच बोलै रॅ कुव्वत छौं त
बड़कवा रॅ दोष बतावॅ त जानिहौं।

झगड़ा लगाना तॅ बड़ा सोझऽ छै
राम रहीम कॅ मिलावऽ त जानिहौं।

नेतवार् तलवा रोज सहलाय छऽ
मायबापर गोड़ दबावऽ तॅ जानिहौं।

मंदिर मॅ दान देला सॅ कुच्छू नै भेथौं
मगंनियांक दु रोटी खिलावॅ त जानिहौं।

बेटाक पढ़ाय छऽ इंलिश इसकूल मॅ
बेटीक् सरकारियोम् पढ़ावॅ त जानिहौं।

समाजऽर माहौल बिगाड़ै जे कोय
ओकरा दु तड़ी लगावऽ त जानिहौं।

पथार समेटऽ

चिड़िया चुनमुन उड़ँ लागलै
पिपरीं रेस लगैल् कऽ छ्य,
हे काकी पथार समेटऽ
करीया मेघ लगैल् कऽ छ्य।

कपड़ा लत्ता हम्मे उठाय छी
तोंहीं तालुक जमा करऽ
भंसा घरम् ताखाप छै पन्नी
लानीक् तालुक यहां धरऽ।

टिपटिप टिपटिप बरसं लागलै
जल्दी यहां या रे बसेटरा
रायछिद्दी जौं दाना होलौ
लाग तौ गालम तोरा थपड़ा ।

आपनो कामस् काम तों राखऽ
ढेर भकौती पढ़ो नय
हम्मे जायछी बकरी आनैल्
बटेसरा बटेसरा करऽ नय।

छोड़ सलाक् भागैल दहीं
दौड़ीक् सुपती धम्मा आनऽ
इठो बोरा भरी गेलऽ छौं
एकराम् फुर्ती रस्सी बान्ह।

पढ़ना बहुत जरूरी छै

पेट रॅ आग भुतावै वास्तऽ
कुछ करना बहुत जरूरी छै
आपनॅ हक कॅ पावै वास्तऽ
लड़ना बहुत जरूरी छै।

हाथम हाथ धरीक बैठला सॅ
भुखले जान चलऽ जैथों
गरीब गुरबाक् सताय वला कॅ
कुटना बहुत जरूरी छै।

बस एक्के उपाय छौं भैया
बच्चा चिल्काक खुब पढ़ावॅ
दुनियादारी सॅ निपटै वास्तऽ
पढ़ना बहुत जरूरी छै।

बड़ॅ बुजुर्गर हाथ मथा पॅ
रहना बहुत जरूरी छै
समाजॅम् सभ्भेस् मिलिजुलीक
रहना बहुत जरूरी छै।

सोची समझीक् डालिहऽ वोट
नै तऽ बादम् बड़ा पछतै भऽ
सभ्भेर हितम् काम करै जे
वही सरकार जरूरी छै।

मिलिजुलीक रहऽ

मिलिजुली कऽ रहिबला रॅ
हसीखुशीम् दिन गुजरै छै
आपसी तालमेल रखला सॅ
कहियो नय घर उजड़ै छै।

कोनो ऐसनो घर नै छै,जहाँ
कनीमनी टनभन नै होय छै
समझदार जे लोग रहि छै
इ सब बात इग्नोर करै छै ।

मिलिजुली कऽ नै रहिला सॅ
दोसरऽ कोय फैदा उठयथौं
दोस मोहिम कर कुटुम भी
घर तोरऽ आवैस् कतरैथौं।

टोला समाजर लोगस् भी
बढ़ियां संबंध बनैलो राखऽ
बेला वक्तम् देथौन काम
खुद्देक् तों सुप्रीम नै आंकऽ।

मिलिजुलीक जौं रहिबॅ तोंय
सुख शांति बरक्कत मिलथौं
मन आनंदित रहिथौं हरदम
बड़ऽ बुजूर्ग भी अच्छा कैथौं।

बच्चा कॅ जरूर पढ़ावो तों

बच्चा चिल्काक् डाँटी धोपी कॅ
बढ़ियां व्यवहार सीखावो तों
बच्चा होय छ्य कच्चा मट्टी
बढ़ियां रंङ घड़ा बनावो तों।

पढ़ाय लिखाय छै बहुत जरूरी
जैसं भी होवों पढ़ावो तों
पर ध्यान रहै कि मासूम छै ई
ज्यादा नय बोझ बढ़ावो तों
जेतना जान सकै बुतरु रॅ
बस ओतने समझावो तों
बच्चा होय छ्य कच्चा मट्टी
बढ़ियां रंङ घड़ा बनावो तों।

पढ़ाय लिखाय रॅ साथे साथ
खेलकूद भी छै बड़ा जरूरी
नैतिक आरू व्यवहारिक बात
बुतरू कॅ जरूर बतावो तों
जे जीवन मॅ काम आवय छै
वैसने सब पाठ पढ़ावो तों
बच्चा होय छ्य कच्चा मट्टी
बढ़ियां रंङ घड़ा बनावो तों।

बच्चा चिल्का शिक्षित होयकॅ
शिक्षित समाज बनैतय हो
देशहित मॅ काम करि कॅ
देश रॅ मान बढ़ैतय हो

तोरास् बस ऐतने कहना छौं
जैसं भी होवों पढ़ावो तों
बच्चा होय छ्य कच्चा मट्टी
बढ़ियां रंङ घड़ा बनावो तों।

दूधभात खिलाय की होतय

आपनो दुख केकरो बतायक् की होतय
के देखै बला छै लोर बहायक् की होतय

जब एकेक करीक् सब छोड़िए देलकय
तॅ खोसामद करीक् बोलायक् की होतय

जौं सब कोयर नजरोम् हम्हीं खराब छी
तॅ हमरा आबैय गंगा नहायक् की होतय

जौं हमराल केकरो आँखिम् पानिए नै छै तॅ
भुखलो छीकी पियासलो सुनायक् की होतै

बापमाय जिन्दा छेलय तॅ ताकैल नय ऐलय
अखनी कागाक् दूधभात खिलाय की होतय

शिक्षित जौं होय जैभऽ तऽ

जिनगीर् सब दुखदर्द मिटिजैथौं
जौं शिक्षाक् अपनैभऽ तऽ
आपनो ग्यान भी बढ़तें जयथौं
दोसराक् बुद्धि बतयभऽ तऽ
ई धरती पॅ गुरुस् बढ़ी कॅ
आरू कोय प्राणी हीं नय छै
कुछभी पहुँच सॅ दूर नै रहतौं
जौं गुरुवाणीक् अपनैभऽ तऽ।

जीवन जियैर् कला सिखाय छै
अच्छा अच्छा बात बताय छै
पालन पोषण तोरऽ कैसं होथौं
हरेक बात गुरूवे बताय छै
आफत विपत सब मिटिजैथौं
गुरु चरण मॅ शीश नवैभऽ तऽ।

जीवन सरल सुलभ होय जैथौं
रस्तांम कोय अड़चन नय ऐथौं
गुरुजी ऐसनो दीपक होय छै
अज्ञानरुपी तोरऽ अन्हार भगैथौं
जीवन तोरऽ सफल होय जैथौं
शिक्षित जौं होय जयभऽ तऽ।

केकरोल गड्ढा कोड़ऽ नय

छोटऽ मोटऽ बातो मॅ केकरोस् तोंय लड़ऽ नय
चार दिन रॅ जिनगी छय भाईचारा छोड़ऽ नय

आनंदो मॅ दिन बितथौं मिलि जुलीक रहॅ सब
बेवजह सताबै खातिर केकरोल गड्ढा कोड़ऽ नै

रिश्ता नाता बढ़ियां राखैल हरदम ई ध्यान रहै
आपनो गलतीर् बेल दोसरार माथाम् फोड़ऽ नै

मियांज़ खुश रैथौं जौं दोसरार मदद करभो तॅ
आपनो काम निकालै लॅ केकरो दिल तोड़ऽ नय

बात पता रॅ कहि छौं 'नैतिक' सुनऽ जरा गौर सॅ
तकलीफ़रॅ दिनम् भी आपनो ईमान तों छोड़ऽ नै

रिश्ता निभाना चाहियॅ

दुख तकलीफ सॅ आदमिक घबराना नय चाहियॅ
चाहे कोसनो वक्त रहै हरदम मुस्कुराना चाहियॅ

काम कैसनो रहै आपनो परिवार चलावै खातिर
मेहनत करैस आदमिक लजाना नय चाहियॅ

देखिक नय चललास रस्तांम ठोकर तॅ लागथैं छै
छोटऽ मोटऽ बाधास् काम रुकना नय चाहियॅ

एक जगह रैल्हास् भयारीम् खटपट तॅ होथैं छै
जौं आपन्हैम् लड़ाय होवऽ तॅ हारि जाना चाहियॅ

खुनर रिश्तास् बढ़िक कोय आपनो नय होय छै
फुस रंङ बातस् परिवार बिखरना नय चाहियॅ

'नैतिक ' रॅ बात मानभऽ तॅ दुख कहियोन होथौं
मुश्किलम् भी आदमिक रिश्ता निभाना चाहियॅ

रिस्ता निभैवऽ कैसं

लाख जतन तोंय करिला भैया
सबकॅ खुश रखना मुश्किल छै
अकड़ू लोग बढ़िहैस् रहि छै
सीधा बनिक् रहना मुश्किल छै

सीधा लोगर् हाल नय पुछऽ
गल्लिर् कुक्कुर भी मूं चाटय छै
टेढ़वा गाछिक् कोय नय छूवै छै
वनोम् सीधे गाछ सब काटय छै

जेकरा जखनी चोक मिलय छै
सिधका लोगऽ कॅ सतावय छै
काम निकालैल जब भी रहिछै
मिट्ठऽ मिट्ठऽ बोलिक् पटावै छै

केत्तऽ दिन तक रहिवो ऐसं
ई मत सोचऽ कहिवो कैसं
जब दोसराक् तोरऽ फिकर नै
खाली तोहीं रिस्ता निभैवो कैसं।

उधियावो नय

कनिटा धन ऐलास उधियावो नय
आपनो कॅ धन्नासेठ बतावो नय
ककरो कखनी दिन फिरी जयतै
धीरज धरो ओकतावो नय।

बड़ो बुजूरगन सहिए कहि छै
समय नॅ सबकऽ नचैते रहि छै
आज जे उछलै छै कल वें गिरतै
देखतो जा तोंय हड़बड़ाबो नै।

मेहनतसॅ कमैभॅ त चैनोस् जीभो
छीनला झपटलास् बृधि नै होथौं
ऊपर वला नऽ सब देखय छै
दोसरार माल हथियावो नै।

रिश्ता तोड़ी रैल्हो छै

जेकरा देखऽ बस अंहरियाम् दौड़ी रैल्हो छै
आपनो फैदाल् स्वार्थ रॅ कम्मल ओढ़ी रैल्हो छै।

निकलना छै एक दोसरास् आगु चाहे जैसं हो
यहीलॅ एक दोसरार रस्ताम् गड्ढा कोड़ी रैल्हो छै।

की छै अच्छा की खराब सोचथैं नय छै लोग
आपनो गलतीम् दोसरार माथो फोड़ी रैल्हो छै।

आवय वला दिन मॅ पता नय कैसं जितय लोग
रिश्ता नाता भाईचारा जैसं सब छोड़ी रैल्हो छै।

कीरंग मोन लागै छेलै जौं साथम् सब रहि छेलै
आवतॅ मायबापस् भी लोग रिश्ता तोड़ी रैल्हो छै।

फर्ज निभहियो दोस्त

दुख होवय चाहे सुख होवय
सभ्भे यहां क्षणिक छै दोस्त
दुख मॅ कहियो नय घबरहियो
सुख मॅ नय इतरहियो दोस्त।

जे धरती पर जनम छै लेलको
ओकरा सबकुछ देखैल पड़तै
करनीर फल तॅ भुगतैल हीं छै
ईबात नै कभी भुलैहियो दोस्त।

जे धनवान छ्य की सोचय छ
ओकरा दुख नै होयछै कहियो
रामकथा तॅ जानथै छ सब
आरो की समझैहियों दोस्त।

कोशिश करोकी गलती सॅ भी
दोसराक् दुख नै पहुँचै कहियो
कोय ऐसनो नै काम करो जस
बादम् तोंय पछ्तैहियो दोस्त।

वैसं तॅ यहां 'नैतिक' जीवन
जीना बड़ा कठीन छ्य दोस्त
फिर भी जहां तलक संभव हो
आपनो फर्ज निभहियो दोस्त।

भीतरी मन रॅ अंधेरिया

सच्चा मनसॅ मेहनत करलास्
जरूरे छै कुछ अच्छा होथौं
भीतरी मन रॅ अंधेरिया तॅ पढ़ला लिखला सॅ हीं जैथौं

दारू जुआ आरू लुच्चापनी
करै छय मान मर्यादा रॅ हानी
जेकरास् कुच्छू होनानी जाना
उन्हें लोग सब दौड़तऽ रहितौं
भीतरी मन रॅ अंधेरिया तॅ पढ़ला लिखला सॅ हीं जैथौं

फुर्सत मॅ जौं कहियो बैठऽ
अच्छा खराब जरूर विचारऽ
बे विचारलो काम जौं करभो
सब गुड़ गोबर होय जयथौं
भीतरी मन रॅ अंधेरिया तॅ पढ़ला लिखला सॅ हीं जैथौं

मन मॅ ठानीला की हमरास
केकरो दिल कॅ ठेस नै पहुँचै
तब देखियो कि सऊसे गाँव
कैसं तोरऽ दोस्त बनि जैथौं
भीतरी मन रॅ अंधेरिया तॅ पढ़ला लिखला सॅ हीं जैथौं

समैर मार

समैर मार सॅ बचिक रहो भईया
की होय जयथौं केकरा कहिया
कोय नै जानयछै केकरो भागम्
राजगद्दी छय या टुटली मढ़ैया

लाख खाक होय्म देर नै लागथौं
जे भागम् छौं कहियोन भागथौं
तोरऽ करलास कुच्छू नय होथौं
सबसॅ ऊपर छय नाच नचैया

महावली रावण आरू कंस रो
हालत सॅ सब वाकिफ हीं छो
कैसं घमंडोम् फुलय छेलय
डुबी गेलय मझधारो मॅ नैया

राजतिलक होयवला छेलै रामोर्
अचानक जाइल पड़ी गेलै जंगल
खुद कॅ भी वें बचाइल नै सकलै
जे छेलय ई भवसागर रो खेवैया

देवता दानव कोय नय बचलैत्
आदमीर की औकात छय बोलऽ
एक झटकेम् सब मिटि जयथौं
समैर मार सॅ बचिक् रहो भईया।

आदमी आदमिक् मारिक् खयतै

तोरऽ हमरो रॅ चक्कर मॅ
सब होय गेलय छिन्न-भिन्न
देखि देखिक् करतूत लोगर्
आदमी कहाय पॅ आवै छै धिन्न।

खाली कहि वास्तऽ ई धरती पॅ
सबसं समझदार होय छै आदमी
ऐसनो ऐसनो काम करय छै कि
जानवरोक् भी लजाय छै आदमी।

मणिपुरमॅ जे निर्लज्जता करकै
ओकरा आदमी कैसं कहितै
जब ऐसनो सिनि कुकर्म होतैत्
समाजम् लोग कैसं रहितै।

एक दोसरार संपित्त हड़पैल
हरदम आदमी व्याकुल रहि छै
काम करय छै नीचवला आरू
आपनोआप कॅ वीर कहि छै।

चाल चलित्तर जौं ऐसनो रहितै
हौ दिन बेसी दूर नय छै
आपनो भूख मेटावै वास्तऽ
आदमी आदमिक् मारिक खयतै।

ई जिनगी नय फिरूस मिलथौं

ई दुनियांम आदमीस् बेसी
कोय जीव समझदार नै होयछै
की अच्छा छै की खराब
हर बात कॅ खुब समझय छै।

फुस रंग बातऽ पॅ भाय भाय सं
कर कुटुम सं बैर करय छै
सबकुछ जानतो हुअ भी आदमी
जानी बुझिक् गलती करय छै।

आपनो आदमीस् बढ़िक् जानिला
ई दुनियां मॅ कोय नै होयछै
फिर भी पता नय बिन मतलब रो
कनि कनि बातप् लड़तो रहिछै।

आपनो आदमिर् बिना ई जिनगी
बिन खुशबू रो फूल होयछै
कोय उत्सव हो, कोय खुशी हो
डेग डेग पर शुल छुभय छै।

ई जिनगी नय फिरूस मिलथौं
आपनो आदमिस् मत झगड़ो
'नैतिक' कहिछै सब परिवार
हसीखुशी सं मिलिक् रहऽ।

खुब लड़य र मोन करय छौंत्

हे हो!
कथिल लड़य छ पड़ोसी स
टोला समाजऽर लोगऽ स
जौं तोरा कोय विपत् पड़थौं
सबसे पहिलो यही सब अयथौं
मानिला तोरऽ घरम् कोय नय छौं
तोरा पेटम् दरद होय जयथौं
पड़ोसीस् जौं तोंय मिलिक् नै रहिभो
तोरा होस्पिटल के लेक जयथौं।

जौं खुब लड़य रो मोन करय छौं
हाथ गोड़ सकसक करय छौं
माथाम् कीड़ा काटय छौं तॅ
समाजर् दुर्गुण स लड़ो
जी–जान आरू धुन स लड़ो....
जे बेबस छै जे लचार छै
ओकरो हक हकूक ल लड़ो...
जेकरा खाय ल रोटी नय छै
ओकरो रोटीर् जतन ल लड़ो...
जेकरो पढ़ाय लिखाय मुश्किल छै
ओकरो पट्टी किताब ल लड़ो...
जे गरीब पर जुलूम करय छै
ऊ बहसी हुकुम स लड़ो ।

जौं तोंय गरीब गुरबा ल लड़भो
अच्छा अच्छा काम जौं करभो

सब तोरा प जान छिड़कथौं
हर मुश्किल म हर मौका पर
तोरऽ हरदम साथ निभयथौं
मरयो जैभऽ तैयो दुनियांम्
नाम तोरऽ अमर होय जैथौं।

ई अच्छा बात नै छै

बात बात पॅ अजमैतो जे रहिछो ई अच्छा बात नै छै
बिनमतलब रॅ खार खैतो रहिछो ई अच्छा बात नै छै

आबो तनि भिरोम् बैठऽ कोय दुश्मन नै छेकिहौं हम्मे
अपनौतीम् झुट्ठे बखेड़ा करै छो ई अच्छा बात नै छै

दुनियांर् लोग चाहते छ्य कि हम्मे दोनों लड़तो रहियै
दोसरार बातम् मू फुलाय बैठैछो ई अच्छा बात नै छै

जौं कोनो तकलीफ छौं हमरास, हमरा तों बतैभो नी
दोसराक जे घरोर बात बतायछो ई अच्छा बात नै छै

ला हम्हीं खुदकॅ दोषी मानैछूं आबेतॅ खुश होयजा तों
माफ करिक भी जौं नै मुस्कयछो ई अच्छा बात नै छै

बड़ा याद आवय छै

गाँव रऽ सोन्ह मट्टी,
डेढ़िया रऽ टट्टी
बिन बात रऽ जे लागय छेलै,
भैया रऽ सट्टी
बड़ा याद आवय छै।

मुखियाजीर बगिच्चा
फजली आम कच्चा
कोसी मँ नहाय वाला
नंग धड़ंग बच्चा
बड़ा याद आवय छै।

दादी रऽ कहानी
भादो मैन्हा रऽ पानी
अनाज समेटय मॅ
होय वाला परेशानी
बड़ा याद आवय छै।

कोसी रऽ कछार
गाँव वालार विचार
इसकुल नै गेला पर
दोसरो दिन पंडीजी रऽ मार
बड़ा याद आवय छै।

बाँसऽ भुट्टी रऽ लट्टु
जौ गहूँम रऽ सत्तु

दीरा मॅं फरय वाला
गोलका कद्दू
बड़ा याद आवय छै।

दुर्गापूजा रऽ मेला
बाड़ी रऽ बाग्लर केला
हलरी बुढ़िया रऽ
बिन बात रॅं झमेला
बड़ा याद आवय छै।

बड़का आमगाछी रऽ छाँव
चौखठा नाव
गंगा मॅं जे कटी गेलय
आपनो केवल्ला गाँव
बड़ा याद आवय छै,
बड़ा याद आवय छै ....।

गाँवॅर गबरू

तोंय रौब नै झाड़ो बजारऽ रॅ
दरोगा आरू हवलदारऽ रॅ
हम्मे गाँवरऽ गबरू जवान छी
हमरा डर नै छै तलवारऽ रॅ।

तोरे नियर कमजोर नै छी
पिज्जा बर्गर सॅ दूरे रहै छी
तोरा कि पता की फैदा छै
गाँमरऽ लिट्टी अचारऽ रॅ।

वैसॅ तऽ हम्मे दूरे रही छी
लंद – फंद रॅ चक्कर सॅ
जवाब दै सॅ भी नै चुकै छी
गिदरा क ललकारऽ रॅ।

भेषभूषा सॅ ई मत समझऽ
गाँवॅर छीऐ त लफंगा छी
बेशक हम्म्हूं कदर करै छी
हरदम अच्छा विचारऽ रॅ।

परदेश नय जा काका

खेती खुल्ला छोड़ी कऽ
परदेश नय जा काका,
बच्चा चिल्का बिगड़ी जैथौं
तऽ की करभो टाका।

देख रेख मँ रहिथौं तऽ
पढ़भो लिखबो करथौं
मर मजूरी मँ थोड़ऽ थाकऽ
हाथो तोरऽ बटैथौं।

परिवार संङ रहि रऽ उमर
परदेश मत बिताबऽ,
घरऽ रऽ नून रोटी सँ बढ़ियां
कोय खाना छै तऽ बताबऽ।

दोस मोहिम टोला समाज रऽ
साथम् रहिक त देखऽ,
हायहाय करिक् टका कमायकॅ
की साथऽ मँ जैभो लेकऽ।

आधी बांटी खेत करीकऽ
याहीं बचाबऽ दु टाका,
बच्चा चिल्का कऽ छोड़ीकऽ
परदेश नय जा काका।

छोटका किसान छूं

की कहियों भाय
छोटका किसान छूं,
फसलो नै भेल्हों बढ़ियां
करजा सँ परसान छूं।

बैंकऽ रऽ लोन तॅ
बाढ़ नियर बढ़य छै,
महाजन सनी रोजे
घरऽ पँ आबीक् लड़य छै।

एतना परेशानी कि
मरै रऽ मन करय छौं,
बच्चा बुतरु कॅ देखी कॅ
सब सहील पड़य छौं।

बेटियो सियानो भेलय
इन्हौं स परसान छूं,
की कहियों भाय
छोटका किसान छूं।

गवाँर नय समझऽ

गाँव रऽ सोझऽ लोग कॅ गवाँर नय समझऽ,
खाली उपरी तामझाम क बाजार नय समझऽ।

झुकी कॅ गोड़ छूलियै तऽ बुड़बक छी हम्मे,
तोंय हसीक् हाथ मिलैलाक संस्कार नय समझऽ।

टोला समाजरऽ खातिर हरदम तैयार रहीछी हम्मे,
तोंय फोन पॅ बतियाय वाला कॅ मददगार नै समझऽ।

चुपचाप रहिक् यहां हर रिस्ता निभैलऽ जाय छै,
तोंय वाटसप ग्रुप रॅ चैटिंग क परिवार नय समझऽ।

यहां माय बाप रऽ सेवा जी जान सॅ होय छै,
हमरा बृद्धाश्रम भेजय वाला लाचार नय समझऽ।

छै कोन काम ऐसनो जेकराम हाथ नय बटाबै छी,
देशऽ रॅ तरक्कीम् हमरा सनी कॅ भार नय समझऽ।

बड़का दुविधा

माय कॅ मनाय छी तॅ कनियां रूसी जाय छै
कनिया कॅ मनाय छी तॅ माय रूसी जाय छै।

कहाँ फसी गेलियैय ई घर गृहस्थी रॅ चक्कर मॅ
बिन बात रॅ बतंगड़ मॅ हम्मे भूखले टौवाय छी।

एक मन करै छै काहिं घर छोड़िक भागी जैयै
पर बुतरू र मूँ देखीक कौछाय रही जाय छी ।

घरो रॅ बात अगर घरेम् सुलटी जाय तँ अच्छा
लोग की कहतै यही लॅ केकरो नय बताय छी।

केतना मुश्किल छै यहां घर गृहस्थी चलाना
यहीं बात छौड़ा सिनिक बैठीक समझाय छी।

नपकी कनियां

बिरजू काका बड़का बेटार बिहा करैलकै काल
नपकी कनियांर घर ऐला सॅ सभ्भे छै खुशहाल।

बहुभोज मॅ लोगसिनि खैलक चाट पकौड़ा
देख बहुरिया बोलय कि छक्का मारलक छौड़ा।

चाँद जैसनो पुतोहू पाबिक गदगद भेलै सास
मनेमन बड़का बड़का बहूस लगैलक आस।

सर सवासीन कर कटुम जब हो गेलय विदाय
तबॅ कनियांक याद ऐलै भाय बहिन आरू माय।

खाना बनायलॅ नै जानै छै देखऽ नपकी कनियां
नै जानैछै सब्जीमॅ लागतै निम्मक मिर्ची धनियां।

दिन-रात मोबाइलॅ पर मायबापो सॅ बतियाय छै
जखनी मोन करै छै तऽ असकलै बाज़ार जायछै।

लोक लिहाजक् भूली कऽ निखरे उघारे घुमय छै
ई देखी कऽ बुढ़वा बुढ़िया कपार आपनो धूनै छै।

कनियांर लहिरावाला रॅ हीं घरोम् चलय छै राज
बेटो तॅ होकरे गुण गाय छै जेकराप छेलय नाज।

नपका जुगरॅ मौगी मुंशा घरक् देलकै बुड़ाय कऽ
सब अरमान चुल्हिम् जरलै बेटा विहा कराय कऽ।

फोनर् आदत कैसं छुटतै

आइजकाल रऽ नईका बुतरू
पता नै फोन पऽ की करय छै
पूछलां जौं – रे की करय छैं ?
कहिछै कि ऑनलाइन पढ़ैछि।

आपन्है मॅ बदबद करतो रहिछै
पता नय केकरा की कहिछै
टोकऽ चालऽ कोय नय ओकरा
हरदम टेंपर हाय रहिछै।

इसकूल सॅ आइला रऽ बाद
जौं एक बार फोन पकड़खौं
जब तक बैट्री खतम् नै होथौं
मजाल नय छौं खैथौं पिथौं।

मांख्क गरज छै मांय खिलैतै
एकेक कोर मांय मूहंम देथौं
जौं कनियोटा डिस्टप होलौं
विचित्रे ढंग स हल्ला करथौं।

पलगंस तऽ उतरथै नय छै
खेलय कुदैल भी जैथै नय छै
खाना पीना र तऽ मत्ते पूछऽ
पिज्जा बर्गर मोमो खाय छै।

पता नय जिनगी कैसं कटतै
दुनियांदारिम् कैसं ठठतै
कोय उपाय तऽ बतावॅ भैया
ई फोनर् आदत कैसं छुटतै।

धरती रॅ भगवान

माय जौं बच्चार् जान होय छै
तॅ बाप होय छै ओकरो पहचान,
माय रॅ प्यार सब कं लौकय छै
बाप रॅ सब कुछ होय छै मौन।

आफत विपत जौं आबय छै
बाप बनी जाय छै हनुमान,
बच्चार् छोटऽ खुशीर् भी खातिर
बाप लगाय छ्य आपनो जान।

पाकिट रहि छै खाली फिर भी
जे मांगय छ्य सब कुछ दै छै,
आपनो पिन्हैं छ्य भंङा कपड़ा
बच्चाक् सूट सिलाय कॅ दै छै।

अंङूर पकड़िक बुलैल सिखायछै
थकल्हां जौं कान्हाम् उठाय छै,
बुझो धरती रॅ भगवाने छै हिनी
हरदम सही रस्ता देखाय छै।

चान आरू सूरज कुच्छू नय छै
बाप तॅ होय छै पुरा असमान,
माय जौं बच्चार् जान होय छै
तॅ बाप होय छै ओकरो पहचान।

तीन सेर खाय छी

जौं कहियो ससुरार हम्मे जायछी
की बतइहौं भुखले रहि जाय छी
सास ससुर हरदम सम्हनेम् रहि छै
कैसं कहियै की तीन सेर खाय छी।

घरोम हमरा सब्भे पेटवा कहि छै
हमरा लो सत्तु - गुन्न धरलो रहि छै
जखनी मोन होलऽ तखनी बैठिक्
भरदम पहिलो पहटीक् खाय छी।

पेट होय गेलो छै हढ़िया जैसनो
मूँहों छ्य हमरो करिया जैसनो
हमरास सुन्नर कोय नय छै गांमोम
रोजे हम्मे बीम बार सॅ नहाय छी।

मजूरी हमरासं कोय नै करवाय छै
पता नय कोन बातस् शरमाय छै
काम तॅ करै छी हम्मे जल्दियेजल्दी
लोग कहि छ्य जानिक मटियाय छी।

बढ़ियां छ्य हम्मे चैनोस् रहि छी
लोग बकतॅ रहिछै हम चुप्पे रहि छी
लोगर् की छै ऊतं राजोक गरियाय छै
यहिलऽ हम्मे कहियोन लजाय छी।

अपनौती

अपनौती मं झगड़ा करलास्
कोय हारय नय जीतय छै
हां एतना जरूर होय छै कि
घर फुटय गवांर लुटय छै।

जौं जानथौं कि हिनिर घर मं
आपस मं सब लड़तऽ रहै छै
यही मौकार उ पैदा उठाय कॅ
एक दोसरार कान भरतं रहै छै।

मिलिजुलिकं रहिला सं हीं
हर दुख र समाधान मिलै छै
प्यार मुहब्बत सं रहिला स
खुशी रॅ सारा जहान मिलै छै।

ईर्ष्या आरू गोस्सा नय करॅ
एकरास ख़ाली जी जरय छै
एक दोसरारॅ कदर करला सं
अपनौती मं प्यार बढ़य छै।

कामम् सब कोय हाथ बटावो
हर दूरीक् मिलिक् दूर भगावो
आपनो लोग हीं ताकत होय छै
कुछ भी करिक् रिशता बचावो।